Gwerslyfrau Cyngor Ysgolion Sul Cymru

CYFRES GOLAU AR Y GAIR

Josua:

yr arweinydd newydd

Deunydd Ysgol Sul
i rai rhwng 3 a 14 oed

Testun: Sarah Morris
Lluniau: Dawn Wilks

Cyhoeddwyd gan
Cyngor Ysgolion Sul Cymru

Cyfres Golau ar y Gair - llyfrau yn y gyfres:

Porthi'r Pum Mil
Gideon - yn ymladd dros Dduw
Y Nadolig
Teulu Newydd Ruth
Moses - Y Dywysoges a'r Baban
Pasg – Iesu'r Brenin
Samuel – Duw yn siarad â Samuel
Pentecost – Newyddion Da Iawn
Daniel – yn ffau'r Llewod
Damhegion Iesu - Cyfrinachau'r Deyrnas
Dechrau'r byd: Hanes y Creu
Iesu'n dangos ei allu
Joseff yn yr Aifft
Y Nadolig: Rhodd Duw
Iesu: Ffrind mewn angen
Moses: Gadael yr Aifft
Y Pasg: trwy lygaid Pedr
Abraham: ffrind Duw
Ysbryd Duw ar waith: Dechrau'r Eglwys
Y Beibl: Stori Fawr Duw
Iesu'r Meddyg
Dafydd: bugail a brenin
Elias: negesydd Duw
Nadolig: Goleuni'r Byd
Jona: Proffwyd Anfodlon
Iesu'n croesawu pawb
Y Pasg: y daith fawr
Jeremeia: proffwyd mewn twll
Paul: yn cyfarfod Iesu
Moses: Y Deg Gorchymyn
Iesu: y Ffrind Gorau
Solomon: y brenin doeth
Ffrindiau Iesu: rhannu'r newyddion da
Nadolig: O'r nef y daeth
Josua: yr arweinydd newydd
Iesu'r athro da
Y Pasg: "Gorffennwyd"
Esther: y frenhines ddewr
Pentecost: yr Ysbryd Glân yn dod
Dafydd: bardd a brenin (Salmau)

Testun: Sarah Morris
Darluniau gan Dawn Wilks
Cynllun y clawr: Ynyr Roberts
Golygydd Cyffredinol / Cysodi: Aled Davies

ISBN 978 1 85994 685 5
Argraffwyd yng Nghymru.

Cyhoeddwyd gan:
Cyhoeddiadau'r Gair, Cyngor Ysgolion Sul Cymru,
Ael y Bryn, Chwilog, Pwllheli, Gwynedd LL53 6SH

Cyflwyniad i'r gyfres

Pan sefydlwyd Cyngor Ysgolion Sul fel menter gydenwadol ddeugain mlynedd yn ôl, y nod o'r cychwyn cyntaf oedd darparu adnoddau a gwerslyfrau addas i blant, ieuenctid ac oedolion Cymru. Dros y blynyddoedd cyhoeddwyd cyfresi o werslyfrau, megis Cyfres y Gair, Gyda'n Gilydd, ac Ar y Ffordd. Bu i lawer o'r deunydd yma gael ei gyfieithu o'r Saesneg, gan edrych i gyfeiriad Eglwys yr Alban, Scripture Union, NCEC a TnT Ministries. Bu cyfieithu erioed yn ateb delfrydol nac yn hawdd, gan bod cyd-destun yr Ysgol Sul yng Nghymru mor wahanol. Wrth gyflwyno'r gyfres newydd hon i'ch sylw, rydym yn falch o ddweud bod hon yn gyfres gwbl wreiddiol, wedi codi o lawr gwlad, ar gyfer y sefyllfa Gymreig. Mae gan Gyngor Ysgolion Sul banel gwerslyfrau cydenwadol, gydag aelodau profiadol ymysg gweinidogaethu i blant, ac mae'r grŵp hwn yn cyfarfod yn rheolaidd i drafod y maes llafur a chynnwys y llyfrau. Mae'r gwersi yn cael eu paratoi gan Sarah Morris, a chanddi hithau hefyd blynyddoedd lawer o brofiad o weithio gyda phlant mewn ysgolion Sul a chlybiau plant yng nghylch Llansannan. Hyderwn felly y bydd y gyfres hon yn gymeradwy gan ein hysgolion Sul, ac yn fodd i arfogi athrawon wrth gyflwyno gwersi o Sul i Sul.

Yr hyn a geir yma yw gwerslyfr athro ar stori neu thema arbennig, a bydd llyfr newydd yn cael ei gyhoeddi bob mis. Un llyfr sydd ei angen gan bod y deunydd plant ac ieuenctid yn gynwysiedig fel taflenni ac atodiadau i'w llungopïo. O fewn pob llyfr ceir:

Cynllun gwersi ar gyfer plant meithrin i 5 oed
Ceir yma amrywiaeth o syniadau o dan y penawdau Amser Chwarae, Amser Stori, Amser Creadigol ac Amser Canu a Gweddïo. Yn ychwanegol i hyn, ceir detholiad o daflenni gwaith i'w llungopïo.

Cynllun gwersi ar gyfer plant 6-11 oed
Ceir yma ddewis eang o weithgareddau arbennig i rai rhwng 6-8 oed a 8-11 oed. Nodir amcanion clir ar gyfer pob gwers, gyda ffyrdd gwahanol o gyflwyno a dysgu'r stori, syniadau crefft, cwis, gemau, drama, gweddïau a deunydd defosiwn. Ceir hefyd dewis o daflenni gwaith ar gyfer y ddau grŵp oed gwahanol.

Cynllun gwersi ar gyfer rhai rhwng 11-14 oed
Ceir yma dri thema yn deillio o'r stori, gydag amrywiaeth o syniadau creadigol a diddorol, a chyfle hefyd i drafod a sgwrsio.

Atodiadau a deunydd ychwanegol
Ceir nifer o atodiadau hefyd, yn cynnig syniadau ychwanegol a deunydd gweledol. Ar y CD sy'n dod gyda'r llyfr, mae yna ddetholiad ychwanegol o daflenni, rhai yn arbennig gyda phwyslais addysgol, ar gyfer y sefyllfaoedd hynny lle mae'r stori yn cael ei datblygu yn yr ysgol leol. Rhestrir yn y llyfr hefyd rhai adnoddau ychwanegol e.e. llyfr stori ar y thema neu ddeunydd gweledol a chrefft. Cofiwch hefyd bod pob un o'r storïau hyn i'w cael ar ffurf fideo, fel rhan o'r gyfres Beibl Fideo.

Gwasanaeth Teuluol
Paratowyd gwasanaeth teuluol hefyd ar gyfer bob uned, a gobeithio bydd hyn o gymorth i ddod â bwrlwm yr ysgol Sul i mewn i fywyd yr eglwys, gan greu cymuned sy'n dysgu ac addoli gyda'i gilydd.

Cofiwch gysylltu os am gymorth neu gyngor gyda'r deunydd. *Aled Davies, Cyngor Ysgolion Sul*

Cyflwyniad i'r athro: Josua

Ces i fy magu mewn Eglwys Bentecostaidd yn Ne Cymru, a dwi'n cofio hyd heddiw rai o'r caneuon bywiog a ddysgais yn blentyn ifanc iawn. Pan oedd ein plant ni'n fach, ceisiais ddysgu rhai o'r caneuon hyn iddynt, ond gwneud hwyl am fy mhen a wnaethant wrth fy ngweld yn chwifio fy mreichiau a chanu'n frwdfrydig. Roedd llawer o'r caneuon yn dysgu adnod o'r Beibl, ac eraill yn adrodd hanesion Beiblaidd, ac mae'n rhaid eu bod wedi creu argraff arnaf, oherwydd dwi'n dal i gofio rhai ohonynt - a'r symudiadau hefyd!

Yn y gyfres hon, byddwn yn astudio hanes Josua, y dyn a ddaeth yn arweinydd pobl Dduw ar ôl Moses, ac mae cân y gyfres yn cynnwys adnod allweddol yn hanes Josua: 'Onid wyf wedi gorchymyn i ti: bydd yn gryf a dewr? Paid ag arswydo na dychryn, oherwydd yr wyf fi, yr Arglwydd dy Dduw, gyda thi ple bynnag yr ei' (Josua 1:9). Yn sicr, roedd Josua angen clywed y geiriau yma gan Dduw oherwydd roedd sawl problem anferthol o'i flaen – gan gynnwys yr afon Iorddonen a dinas Jericho!

Byddwch yn cofio fod pobl Dduw - yr Israeliaid- wedi cael eu harwain o gaethwasiaeth yn yr Aifft gan Moses. Roeddent ar daith i Wlad yr Addewid, y wlad a addawyd i Abraham a'i ddisgynyddion gan Dduw, flynyddoedd maith yn ôl (Genesis 12).

Rydym eisoes wedi astudio hanes Moses a phobl Dduw ar hyd y daith hyd yma, gan eu dilyn o'r Aifft, drwy'r anialwch lle profwyd trugaredd a nerth Duw yn eu cynnal, mynd heibio mynydd Sinai - lle cyfarfu Duw â Moses wyneb yn wyneb er mwyn rhoi'r 10 Gorchymyn. A dyma nhw, ar fin cyrraedd eu cartref newydd. Ond yn anffodus, oherwydd anufudd-dod, ni chafodd Moses fynd i mewn i Wlad yr Addewid (Numeri 20:1-13), ond cyn iddo farw cafodd sefyll ar ben mynydd Nebo i edrych dros y tir a fyddai'n dod yn gartref i bobl Dduw yn fuan iawn. Mae Moses yn cael ei ddisgrifio fel y proffwyd mwyaf erioed (Deuteronomium 34:10-12), ac mae Josua yn gorfod ei ddilyn, yn arweinydd yr Israeliaid! Problem arall i'w hwynebu? Dim o gwbl. Gyda geiriau addewidion Duw yn atseinio yn ei glustiau, mae'n cymryd yr helm gyda hyder - hyder yn yr un Duw a oedd wedi bod gyda Moses, yn nerth ac yn darian ar hyd y blynyddoedd.

Roedd Josua wedi dysgu yn ystod ei gyfnod fel gwas i Moses bod Duw'n haeddu ymddiriedaeth ei bobl. Roedd hefyd wedi cael ei feithrin i fod yn arweinydd wrth wylio Moses a sylwi ar ymwneud Duw ag ef. Wrth i ni dreulio amser gyda'n plant a'n pobl ifanc rydym yn ceisio gwneud yr un pethau - eu dysgu, a dangos yn ein bywydau ni bod Duw'n haeddu cael ein hymddiriedaeth, a'u meithrin yn y ffydd.

Gweddïwn y bydd ein plant a'n pobl ifanc yn cael cymorth yr Ysbryd Glân i ymddiried yn Nuw, ac i fod yn gryf ac yn ddewr wrth iddynt geisio byw bywydau sy'n ei blesio. Gweddïwn dros ein hunain hefyd, fel y byddwn ninnau'n profi'r un hyder â Josua, wrth inni geisio byw i'r Iesu a'i glodfori ym mhob agwedd o'n bywydau.

Josua: Beiblau Lliw

Beibl Bach i Blant, tud. 130

Beibl Newydd y Plant, tud. 47-49

Beibl Lliw y Plant, tud. 88-94

Y Beibl i Blant mewn 365 o Storïau,
hanesion tud. 91-94

Oed Meithrin – 5
Josua: yr arweinydd newydd - Josua 1-4

Amcanion:
- I gyflwyno Josua, yr un a ddewiswyd gan Dduw i arwain yr Israeliaid i wlad yr Addewid;
- I ystyried addewid Duw i fod gyda'i bobl;
- I gyflwyno'r syniad o 'ymddiried'.

AMSER CHWARAE

1. Dilyn yr arweinydd

Gosodwch y plant mewn rhes hir, gydag oedolyn yn y blaen, a dechreuwch orymdeithio o amgylch yr ystafell. Wrth i'r arweinydd newid y symudiadau, mae'n rhaid i'r plant gopïo. Cewch neidio, sgipio, clapio wrth gerdded, cerdded ar flaenau'r traed, brasgamu.

Mae'r gêm hon yn annog y plant i wylio'n ofalus a bod yn ufudd mewn ffordd hwyliog.

Cyflwynwch y syniad bod Duw wedi rhoi pobl i'n 'harwain' mewn gwahanol sefyllfaoedd, e.e. dad sy'n ein harwain ar ein gwyliau oherwydd mae ganddo fap, ac mae'n gwybod pa ffordd i fynd. Neu, mam sy'n 'arwain' yn yr archfarchnad oherwydd mae'n gwybod ble mae'r bwyd yn cael ei gadw.

2. Gêm chwilio

Bydd angen bag o geiniogau siocled. Cuddiwch y siocledi o amgylch yr ystafell o flaen llaw gan ofalu bod yr un nifer o ddarnau i bob plentyn. Dangoswch un darn o siocled i'r plant ac esboniwch eich bod wedi cuddio darnau iddynt chwilio amdanynt - eglurwch sawl darn sydd ar gael i bob plentyn. Cyn danfon y plant i chwilio, gofynnwch iddynt a ydynt yn credu'r hyn a ddywedwyd wrthynt?

Pan fydd y plant wedi dod o hyd i'w ceiniogau, gwahoddwch nhw i eistedd nes bod pawb wedi gorffen. Wrth i'r plant fwyta'r siocled, pwysleisiwch y ffaith eu bod wedi credu'r neges a gawsant gennych, ac wedyn eu bod wedi mynd i chwilio am y siocledi. Trafodwch y cyfnodau yn ddyddiol pan fyddant yn 'credu' yr hyn y mae pobl eraill yn ei ddweud wrthynt, e.e. pan fydd mam yn dweud bod bwyd yn barod, beth sy'n digwydd? Neu, os ydy'r athrawes yn dweud ei bod hi'n amser tacluso cyn mynd allan i chwarae, beth sy'n digwydd? Rydym yn ymddiried, yn '*trystio'r*' bobl yma oherwydd rydym yn credu eu bod yn dweud y gwir ac yn gwybod beth sy'n iawn.

3. Chwarae dŵr

Bydd angen powlen fawr o ddŵr arnoch ac amrywiaeth o offer i'r plant chwarae, e.e. cwpanau plastig sydd â thyllau ynddynt, bocsys plastig, teganau bath. Hefyd, llyfr sy'n cynnwys lluniau o gychod.

Ar ôl cyfnod yn chwarae, ac ar ôl tacluso, dangoswch y llyfr i'r plant a thrafodwch sut mae'n bosibl i deithio dros y dŵr. Efallai y bydd rhai o'r plant wedi bod ar fferi neu gwch hwylio - gadewch iddynt rannu eu profiadau.

Esboniwch y byddwn yn clywed hanes gwir o'r Beibl am bobl Dduw yn teithio i'w cartref newydd a cheisio croesi afon lydan, ddofn – ond heb gwch!

4. Gêm Croesi'r Afon

Bydd angen darn o ddefnydd i'w osod ar y llawr fel afon   byddai tywelion glas yn gwneud y tro.

Mae pawb yn sefyll wrth ymyl yr afon yn barod i groesi. Esboniwch fod Josua yn gorfod arwain pobl Dduw at eu cartref newydd, ond yn gyntaf, roedd rhaid croesi'r afon fawr. Achosodd Duw i'r afon sychu, fel bod y bobl yn cael croesi i'r ochr arall yn ddiogel.

Anogwch y plant i feddwl am bawb a groesodd yr afon - mamau, tadau, neiniau, teidiau, plant, camelod, defaid, gwartheg ayyb.

Dywedwch, 'Mae'n amser i'r Neiniau i groesi'r afon.' Arhoswch am eiliad i Dduw sychu'r afon, ac wedyn croeswch yr afon yn null neiniau. Ar ôl i bawb groesi, cewch ddewis yr actor/actores gorau cyn croesi'r afon eto mewn dull gwahanol.

Ar ôl i bawb gael eu canmol, cewch orffen y gêm trwy bwysleisio pa mor anhygoel ydy Duw, ei fod hyd yn oed yn gallu sychu'r afon er mwyn i'w bobl gael croesi i'w cartref newydd.

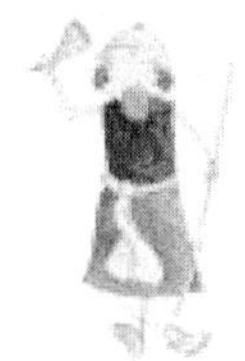

Oed Meithrin – 5
Josua: yr arweinydd newydd - Josua 1-4

AMSER STORI

1. Duw yn dewis Josua i arwain (Josua 1:1-9)

Darllenwch yr hanes o Feibl Newydd y Plant, tudalen 47. Wedyn, gofynnwch i'r plant eich helpu i adrodd yr hanes am bobl Dduw'n teithio i'w cartref newydd, gyda Josua yn eu harwain, gan ail adrodd y cymalau.

Mynd ar siwrne ydym ni (Mynd ar siwrne ydym ni),
Does dim ofn arnom (Does dim ofn arnom),
Mae ein Duw gyda ni (Mae ein Duw gyda ni),
Ymhob man (Ymhob man),
Bob amser (Bob amser).

Mynd ar siwrne ydym ni (Mynd ar siwrne ydym ni),
Does dim ofn arnom (Does dim ofn arnom),
Mae ein Duw gyda ni (Mae ein Duw gyda ni),
Trwy'r anialwch ('Whew, whew!')
Sychu'r talcen gyda'r llaw
Bob amser (Bob amser).

Mynd ar siwrne ydym ni (Mynd ar siwrne ydym ni),
Does dim ofn arnom (Does dim ofn arnom),
Mae ein Duw gyda ni (Mae ein Duw gyda ni),
Trwy'r anialwch ('Whew, whew!')
Sychu'r talcen gyda llaw.
Trwy'r môr (Sblish, sblash, sblish, sblash)
Ysgwyd yn ôl ac ymlaen.
Bob amser (Bob amser).

Ychwanegwch y penillion canlynol yn yr un modd, gyda rhai o'ch dewis hefyd, os dymunwch:
Trwy'r goedwig (Swish, swish,) *Chwifio'r breichiau*
Dros fynyddoedd (i fyny, i lawr, i fyny, i lawr)
Trwy'r afon (slwtsian, slwtsian)

Gorffennwch trwy atgoffa'r plant bod Duw wedi addo bod gyda Josua a'r bobl a'u harwain yr holl ffordd i'w cartref newydd, a doedd dim angen iddynt boeni nac ofni dim.

2. Josua yn danfon ysbïwyr i'r wlad newydd (Josua 2:1-24)

Bydd angen copi o Atodiad 1, wedi'i chwyddo os yn bosibl, gyda'r 2 ysbïwr wedi'u torri allan. Hefyd, bydd angen ychydig o wellt, neu stribedi o bapur melyn, a darn o edafedd neu ruban coch.

Atgoffwch y plant am hanes Duw'n dewis Josua i arwain y bobl i'w cartref newydd. Efallai yr hoffech adrodd rhai o'r penillion o'r hanes blaenorol.

Eglurwch fod y bobl bron â chyrraedd y wlad lle byddant yn gwneud eu cartref newydd. Roeddent yn disgwyl ymlaen yn fawr, oherwydd roeddent wedi bod yn teithio am amser hir iawn, iawn. Ond, roedd dinas fawr Jericho yn sefyll yn y ffordd. Sut oedd pobl Duw yn mynd i fynd heibio'r ddinas heb drafferth? Danfonodd Josua ddau ysbïwr i edrych ar ddinas Jericho.

Dangoswch y llun o dŷ Rahab. Aeth y dynion at dŷ Rahab yn gyntaf. Ond, roedd Brenin Jerico wedi clywed bod dynion diarth wedi dod i mewn i'r ddinas ac roedd ei filwyr yn chwilio amdanynt. Dywedodd Rahab bod y milwyr ar ei ffordd. 'Byddaf yn cadw chi'n ddiogel,' meddai Rahab wrth y ddau ysbïwr. 'Dewch i guddio ar y to.' Aeth Rahab â'r dynion i ben y to fflat a'u cuddio o dan y gwellt. 'Arhoswch yma'n hollol ddistaw, nes bod y milwyr wedi mynd heibio,' sibrydodd wrthynt, cyn mynd yn ôl i lawr.

Pan ddaeth y milwyr heibio, ni welsant y ddau ysbïwr - roedd Rahab wedi eu cadw'n ddiogel. 'Diolch am edrych ar ein hôl, byddwn yn cofio amdanat pan fyddwn yn dod yn ôl. Rho ddarn

Oed Meithrin – 5
Josua: yr arweinydd newydd - Josua 1-4

AMSER STORI

o ruban coch i hongian o'r ffenestr, a byddi di a dy deulu'n ddiogel.' Helpodd Rahab yr ysbïwyr i ddianc drwy'r ffenestr, a rhedodd y ddau'n ôl at Josua i adrodd yr hanes i gyd. 'Cadwodd Rahab ni'n ddiogel, Josua, mae'n rhaid i ni ei chadw hi'n ddiogel pan fyddwn yn mynd yn ôl i Jerico.'

Gofynnwch i'r plant a ydynt yn credu bod Josua wedi cofio cadw Rahab a'i theulu'n ddiogel?

3. Josua'n arwain trwy'r afon (Josua 3 a 4)

Bydd angen Beibl Bach i Blant, tywelion, bocs mawr (Arch y Cyfamod), darn o ddefnydd i fod yn afon, 12 carreg neu ddarn o gerdyn wedi'i ei dorri i siâp cerrig

Darllenwch hanes 15, 'Josua'n Ennill y Frwydr' (tudalen 138 - 143. Mae'r ddwy dudalen gyntaf yn adolygu hanes Rahab a'r ysbïwyr).

Gofynnwch i'r plant eich helpu i ddweud yr hanes eto, y tro yma gan actio. Gosodwch y defnydd ar y llawr a rhowch dywel i bawb i'w daflu dros yr ysgwydd fel pac, a dechreuwch trwy gerdded i lawr at yr afon. Sut oedd pobl Dduw yn mynd i groesi'r afon? Nofio? Mewn cwch?

Rhowch y bocs i rai o'r plant i gario i 'ganol' yr afon, ac atgoffwch y plant o sut aeth yr offeiriaid gyda'r Arch i sefyll yn yr afon a sut y bu i Dduw achosi'r afon i sychu ar unwaith.

Gwahoddwch bawb i groesi'r afon.
Gosodwch y cerrig yng nghanol yr afon ac esboniwch sut y bu i Josua ddanfon 12 person i nôl carreg a'u gosod mewn pentwr ochr draw i'r afon. Wedyn, galwch yr offeiriad allan o'r afon, gan egluro sut dechreuodd yr afon lifo yn syth ar ôl i'r Arch gael ei osod ar dir sych unwaith eto.

Dywedodd Josua wrth y bobl bod Duw wedi gwneud rhywbeth arbennig iawn y diwrnod hwnnw ac y byddai'r cerrig yno am byth, i'w hatgoffa o'r diwrnod rhyfeddol hwnnw. Byddai pobl yn cerdded heibio'r cerrig ac yn holi pam eu bod yno, ac wedyn byddai'n rhaid esbonio'r hanes a chanmol Duw am helpu Josua i arwain y bobl drwy'r afon yn nes at eu cartrefi newydd.

AMSER CREFFT

1. Breichledi 'Cryf a Dewr'
Bydd angen darnau o ruban trwchus gwahanol liw, sy'n ddigon hir i glymu ar arddwrn plentyn gyda chwlwm. Hefyd, sgleiniau, glud, pinnau ffelt a sychwr gwallt.

Gadewch i'r plant ddewis darn o ruban.
Ysgrifennwch y geiriau 'Cryf' a 'Dewr' mewn pensel ar y darn. Esboniwch fod Duw wedi dweud wrth Josua am fod yn 'gryf' ac yn 'ddewr' wrth arwain y bobl i'w cartref newydd. Doedd dim angen i Josua boeni am ddim byd oherwydd byddai Duw gyda Josua yn ei helpu i fod yn ddewr ac yn gryf.
Cynorthwywch y plant i fynd dros y geiriau gyda phin ffelt ac yna addurno'r rhuban gyda'r sgleiniau.
Defnyddiwch y sychwr gwallt i sychu'r breichledi cyn eu clymu mewn cwlwm ar freichiau'r plant.

Oed Meithrin – 5
Josua: yr arweinydd newydd - Josua 1-4

AMSER CREFFT

❖ Canwch y gân, 'Bydd ddewr, bydd gryf' (Cyfieithiad o 'Be bold! Be strong!' *Junior Praise)* gyda'r plant gan eu hannog i daro'r awyr gyda'r dwylo wrth ganu a dawnsio.

BYDD DDEWR, BYDD GRYF,
Yr Arglwydd Dduw sydd gyda thi.
Bydd ddewr, bydd gryf,
Yr Arglwydd Dduw sydd gyda thi.
Paid ofni dim a ddaw,
Ingoedd, poen na braw;
Rhodia mewn ffydd a buddugoliaeth,
Rhodia mewn ffydd a buddugoliaeth,
Yr Arglwydd Dduw sydd gyda thi.

2. Addurno carreg

Bydd angen carreg lefn o faint canolig ar bob plentyn, offer peintio, hen grysau-T, glitter a glud.

Rhowch hen grys-T i bob plentyn i wisgo dros eu dillad a gosodwch bapur newydd dros y bwrdd.
Gadewch i bob plentyn ddewis carreg a'i pheintio'n lliwgar.
Ffurfiwch enw'r plentyn ar y garreg gyda'r glud.
Cynorthwywch y plant i dywallt y *glitter* dros y llythrennau.
Ar ôl cyfnod o sychu, ysgwyddwch y *glitter* rhydd i ffwrdd, a dylai'r enw fod yn amlwg.

3. Model croesi'r afon

Bydd angen darn o gardfwrdd trwchus yn waelod i'r model, darnau o ddefnydd gwyn a lliwiau eraill, darnau o gerdyn glas maint A4, tiwbiau cardfwrdd - nid rhai papur tŷ bach - bocs bach i greu Arch y cyfamod, paent lliw aur, gwyrdd a brown, pinnau ffelt, 12 carreg fach, cerrig mwy, hen grysau-T, tâp.

Rhowch grys-T i bawb cyn paentio'r gwaelod, un hanner yn frown - yr anialwch - a'r hanner arall yn wyrdd - gwlad Canaan.
Paentiwch rhai o'r cerrig mwyaf yn frown i'w gosod yn yr anialwch a rhai'n wyrdd i'w gosod fel bryniau Canaan.
Rholiwch y cerdyn glas fel ei fod yn cyrlio a thorrwch 5 siâp 'V' ar un ochr, i greu siâp tonnau.
Tapiwch y papur i'r gwaelod ar ei hanner.
Paentiwch y bocs yn aur - Arch y cyfamod.
Crëwch 4 offeiriad gan orchuddio'r tiwbiau gyda defnydd gwyn. Tynnwch lun wyneb a gosodwch ddarn bach o ddefnydd fel penwisg.
Crëwch bobl gyffredin yn yr un modd, gan ddefnyddio defnyddiau o liwiau gwahanol.
Rhowch bopeth yn eu lle a chanmolwch y plant am weithio'n galed!

4. Addurn i ddrws ystafell wely

Bydd angen copi o Atodiad 2 i bob plentyn, creonau, siapiau lliwgar gludiog.

Torrwch addurn i bob plentyn o flaen llaw.
Ysgrifennwch enw'r plentyn ar yr addurn a'i hannog i'w liwio'n ofalus. Neu, paratowch enwau'r plant ar y cyfrifiadur, gan ddefnyddio *WordArt*.
Addurnwch yr addurn gyda'r siapiau gludiog, ac esboniwch fod yr addurn i'w hongian ar ddrws yr ystafell wely.

Oed Meithrin – 5
Josua: yr arweinydd newydd - Josua 1-4

AMSER CANU A GWEDDÏO

Gweddïau

Gweddi am ofal Duw

Mae Duw wedi addo bod gyda ni, fel yr oedd gyda Josua, ble bynnag yr awn a beth bynnag a wnawn.

Gofynnwch i'r plant awgrymu syniadau ynglŷn â'r pethau gwahanol y byddant yn eu gwneud o ddydd i ddydd, a'u cynnwys mewn gweddi, gan ofyn am ofal Duw. Gorffennwch gyda'r llinell, *'Ble bynnag yr awn, beth bynnag a wnawn, Diolch Dduw dy fod yn addo bod gyda ni!'*

Gweddïau 'Diolch' 'Sori' 'Plîs'
Bydd angen 3 carreg, gydag un o'r geiriau wedi'u paentio ar bob un - neu defnyddiwch siapiau papur neu gerdyn!

Dangoswch y garreg gyntaf, gan ddarllen y gair i'r plant. Gofynnwch i'r plant feddwl am bethau yr hoffent ddiolch i Dduw amdanynt. Pasiwch y garreg i bob plentyn yn eu tro, gan eu gwahodd i ddweud 'Diolch' i Dduw am rywbeth. Ail adroddwch, gan ddefnyddio'r gair 'Sori' ac yna, 'Plîs.'

Cân
Dewiswch symudiad i'w ddefnyddio bob tro y byddwch yn dweud, *'Mae Duw gyda ni!'*, e.e. pwyntio i fyny, gafael dwylo a chodi bodiau. Cewch ddefnyddio unrhyw dôn syml sy'n gyfarwydd i'r plant.

Ble bynnag yr awn, beth bynnag a wnawn,
Mae Duw gyda ni!
Yn y parc, neu yn y sŵ,
Mae Duw gyda ni!
Ar ben fy hun, neu gyda ffrindiau,
Mae Duw gyda ni!
Os yn hapus, neu'n drist,
Mae Duw gyda ni!
Ble bynnag yr awn, beth bynnag a wnawn,
Mae Duw gyda ni!

Eto, cewch ofyn i'r plant i awgrymu llefydd y maen nhw'n debygol o fod yn ystod yr wythnos, a cheisio eu cynnwys yn y gân.

Rhigwm
Gweler 'Mynd ar siwrne' o Amser Stori 1

AMSERLEN

Wythnos 1: Amser Chwarae 1 neu 2; Amser Stori 1; Crefft 1 neu 4; Rhigwm;

Wythnos 2: Amser Chwarae 2 neu 3; Amser Stori 2; Crefft 2 neu 4; Cân;

Wythnos 3: Amser Chwarae 3 neu 4 neu'r Rhigwm; Stori 3; Crefft 3; Gweddi.

Josua - yr arweinydd newydd

Roedd Duw am i Josua fod yn...

(lliwia'r rhai cywir)

ddewr

ofnus

arweinydd

gryf

Mae'r hanesion am Josua i'w gweld yn llyfr Josua, yn yr Hen Destament.

Taflen 2
Josua: yr arweinydd newydd - Josua 1-4

Roedd pobl Dduw ar y ffordd i'r wlad yr oedd Duw wedi ei addo iddynt yn gartref newydd. Ond, roedd dinas Jerico o'u blaenau – beth fyddai'n digwydd? Danfonodd Josua 2 ysbïwr i Jerico i weld sut le oedd yno.

Pwy roddodd groeso iddynt a'u cuddio rhag milwyr y Brenin? Weli di hi yn y llun?

Beth am ludo gwellt dros yr ysbïwyr i'w cuddio a darn o edafedd coch o ffenestr Rahab.

Wyt ti'n cofio pam roddodd hi'r edafedd coch yno?

Mae'r hanes yma i'w gweld yn llyfr Josua, pennod 2.

Taflen 3
Josua: yr arweinydd newydd - Josua 1-4

Roedd hi'n amser croesi'r Iorddonen i gyrraedd y wlad yr oedd Duw wedi'i addo'n gartref i'w bobl. Wyt ti'n cofio sut y gwnaeth pobl Dduw groesi'r afon?
Lliwia'r llun yn ofalus, neu beth am ludo papur glas ar yr afon, papur aur ar yr arch a phapur gwyrdd ar y tir i greu llun hardd. Paid ag anghofio'r 12 carreg a gododd pobl Dduw o'r afon i fod yn arwydd i'w helpu gofio'r diwrnod arbennig hwn am byth.
Mae'r stori hon yn llyfr Josua, pennod 3 a 4.

6 - 11 oed
Josua: yr arweinydd newydd - Josua 1-4

Amcanion
- I gyflwyno Josua, arweinydd pobl Dduw
- I drafod natur ymddiriedaeth Rahab a Josua
- I ddysgu bod Duw'n ein gwahodd i ymddiried ynddo

Cân i'r gyfres
'Bydd yr Arglwydd ei hun' (*Y Cyntaf a'r Olaf – Curiad)*

Adnod i'r gyfres
'Onid wyf wedi gorchymyn i ti: bydd yn gryf a dewr? Paid ag arswydo na dychryn, oherwydd yr wyf fi, yr Arglwydd dy Dduw, gyda thi ple bynnag yr ei.' (Josua 1:9)

FFYRDD I GYFLWYNO'R THEMA

1. Dilyn yr Arweinydd
Nod y gêm yw bod un person yn dyfalu pwy yw'r arweinydd. Eisteddwch mewn cylch. Dewiswch un person i adael yr ystafell. Wedyn, dewiswch berson arall i arwain pawb arall mewn cyfres o symudiadau, e.e. mae'r arweinydd yn clapio, ac mae pawb arall yn copïo: mae'r arweinydd yn slapio'i g/choesau, ac mae pawb arall yn copïo; mae'r arweinydd yn tapio'i b/phen, ac mae pawb arall yn copïo. Mae angen i'r arweinydd newid o un symudiad i'r nesaf yn llyfn a heb dynnu sylw at ei hun ac yn yr un modd mae angen i'r chwaraewyr eraill gadw llygad ar yr arweinydd ond yn ochelgar. Esboniwch y rheolau wrth y grŵp cyn gwahodd y person sydd wedi bod tu allan i'r ystafell yn ôl i geisio dyfalu pwy sy'n 'arwain' y lleill. Ar ôl dyfalu'n gywir, mae'r arweinydd yn cael tro i fod yn ddyfalwr.

Parhewch nes bod pawb wedi cael tro i fod yn ddyfalwr, neu am amser penodol.

Trafodwch y gwahanol arweinwyr yr ydym yn dod ar eu traws bob dydd - e.e. Prifathro'r ysgol, Prif Weinidog y Wlad, rhieni, capten y tîm pêl-droed - a beth yw rôl arweinydd a phwysigrwydd cael arweinwyr.

Esboniwch y byddwn yn clywed hanes un o arweinwyr pobl Dduw yn ein gwersi, dyn o'r enw Josua.

2. Cystadleuaeth tynnu Lluniau
Bydd angen darn o bapur a phensiliau ar bawb. Hefyd, sgarff i bob pâr.

Rhannwch y grŵp yn barau, gyda phapur a phensel. Rhowch sgarff dros lygaid un o bob pâr, a phapur a phensel. Mae'r person sy'n gwisgo'r mwgwd yn gorfod ceisio tynnu llun 6 o'r eitemau canlynol gyda chymorth cyfarwyddiadau eu partner - ond heb dynnu'r mwgwd.

Seren, tŷ, cath, beic, afal, llyfr, oriawr, siswrn, cadair, cwch, tedi, coron.

Ar ôl gwneud y 6 llun, cânt dynnu'r sgarff ac edrych ar eu lluniau. Sawl marc allan o 10 y maen nhw am ei roi i'w hunain? Rhowch y mwgwd i'r partner arall a gadewch iddyn nhw geisio tynnu llun o'r 6 peth olaf. Sawl marc allan o 10 maen nhw'n eu haeddu?

Trafodwch pa mor anodd oedd cyflawni'r dasg heb allu gweld y papur. A fyddai hi wedi bod

FFYRDD I GYFLWYNO'R THEMA

yn anoddach heb gymorth y partner? Efallai yr hoffai pawb geisio tynnu un llun heb unrhyw gyfarwyddiadau o gwbl.

Esboniwch fod y Beibl yn cynnwys llawer o hanesion am bobl Dduw yn derbyn cymorth gan Dduw i gyflawni tasgau anodd a hyd yn oed peryglus, weithiau. Byddwn yn clywed rhai o'r hanesion hyn yn y gyfres hon am ddyn o'r enw Josua.

3. Gêm Ysbïwyr

Nod y gêm hon yw i'r 'milwyr' ddal yr 'ysbïwyr'. Mae 2 berson yn cael eu dewis i fod yn 'filwyr' Brenin Jericho. Maen nhw wedi clywed bod ysbïwyr yr Israeliaid (pobl Dduw) wedi cyrraedd y ddinas, ac maen nhw'n chwilio amdanynt.

Gosodwch y 2 filwr i sefyll yn wynebu'r wal ar un ochr o'r ystafell a gofynnwch i'r plant eraill symud yn ddistaw iawn o amgylch yr ystafell fel ysbïwyr. (Anogwch hwy i feddwl am James Bond neu Johnny English.) Mae'r 2 filwr yn gweiddi allan, 'Ble mae'r ysbïwyr yn cuddio?' ac yn troi'n gyflym. Os byddant yn gweld un o'r ysbïwyr yn symud, maen nhw allan o'r gêm. Parhewch nes mai un ysbïwr yn unig sydd ar ôl - yr enillydd.

Cewch chwarae eto, gyda milwyr newydd. Eglurwch fod ein stori wir o'r Beibl heddiw yn cynnwys ysbïwyr a milwyr.

4. Neidio'r Iorddonen

Bydd angen dwy raff eithaf hir.

Gosodwch y ddwy raff ar draws yr ystafell yn gyfochrog, ychydig o fodfeddi oddi wrth ei gilydd. Gofynnwch i'r plant i sefyll y tu ôl i un o'r rhaffau ac eglurwch mai dyma afon Iorddonen, yr afon yr oedd yn rhaid i bobl Dduw ei chroesi er mwyn cyrraedd eu cartref newydd yng Ngwlad Canaan.

Ar eich galwad, mae'n rhaid i'r plant neidio dros yr 'afon' i'r ochr arall, gan ofalu peidio â gwlychu eu traed yn y 'dŵr' - y gofod rhwng y ddwy raff. Lledaenwch yr afon drwy symud y rhaffau oddi wrth ei gilydd ychydig a gwahoddwch y plant i neidio yn ôl dros yr afon. Parhewch yn yr un modd nes bod y rhaffau'n cyrraedd pellter sydd yn fwy o sialens. Yna, eglurwch beth sy'n mynd i ddigwydd os bydd rhywun yn 'syrthio i mewn'. Mae unrhyw blentyn sy'n rhoi traed yn y 'dŵr' yn gorfod aros yn yr afon nes cael eu h/achub. Y plant sydd ar y lan yw'r 'achubwyr' sy'n achub y plentyn o'r afon drwy estyn llaw iddo/iddi. Os yw'r plentyn yn rhy bell i'w gyrraedd, mae'n rhaid i'r plant eraill ddod o hyd i ffordd o gyd-weithio, e.e. i ffurfio cadwyn gan afael dwylo ei gilydd er mwyn cyrraedd y plentyn yn yr afon. Does neb yn cael neidio'r afon os bydd person angen cael ei hachub.

Parhewch i ledaenu'r afon, gyda phawb sy'n awyddus yn dal i geisio neidio drosodd. Mae'r plant sy'n dewis aros ar y lan yn cael bod yn 'achubwyr'. Parhewch nes bod yr afon yn rhy lydan i unrhyw un neidio drosti a bod pawb yn ddiogel ar y lan.

Eglurwch fod ein stori wir o'r Beibl heddiw'n adrodd hanes yr Israeliaid yn croesi'r afon Iorddonen, nid trwy neidio, ond mewn ffordd rhyfeddol arall.

6 - 11 oed
Josua: yr arweinydd newydd - Josua 1-4

FFYRDD I GYFLWYNO'R STORI

1. Dewis Josua yn arweinydd newydd (Josua 1)
Bydd angen y Llinell Amser, blancedi a phegiau dillad i greu pebyll, darn o ddefnydd glas i greu afon, Beibl, Beibl Newydd y Plant.

Edrychwch ar y 4 llun cyntaf o'r llinell amser a thrafod yr hanesion: Hanes y Creu a'r dilyw; Duw'n sefydlu perthynas arbennig gydag Abraham a'i deulu fel eu bod yn dod yn bobl iddo; Moses yn arwain pobl Dduw o'r Aifft i wlad mae Duw wedi ei haddo'n gartref iddynt. Darllenwch y ddau baragraff cyntaf o dan y llun 'Gwlad yr Addewid.'

Esboniwch mai hanes Josua fydd o dan sylw yn y gwersi nesaf.

Cynorthwywch y plant i greu pabell gyda'r blancedi a'r pegiau ac eistedd ynddo. Atgoffwch y plant fod pobl Dduw wedi bod yn byw mewn pebyll am dros 40 o flynyddoedd! Roedden nhw'n ysu i gael cyrraedd y Wlad yr oedd Duw wedi ei haddo iddynt yn gartref newydd, braf.

Trowch at lyfr Josua yn y Beibl a'i ddangos i'r plant. Dyma'r llyfr sy'n cynnwys hanes pobl Dduw, yr Israeliaid yn cyrraedd eu cartref newydd. Dyma sut mae'r llyfr yn cychwyn. Darllenwch adnodau 1-9 o bennod 1, neu hanes 'Josua'n arwain pobl Dduw', tudalen 47 o 'Beibl Newydd y Plant'.
Defnyddiwch gwestiynau 1-9 sydd ar Daflen 4 i gadarnhau'r hanes cyn symud ymlaen i gymhwyso.

Cymhwyso
Bydd angen jwg gwydr sy'n hanner llawn o 'gync' - dŵr budr, sos coch, pridd, gwair, pryfaid marw ayyb. Hefyd, lliain a phunt.

Cadwch y jwg o'r golwg o dan liain.
Gofynnwch i'r plant pwy fyddai'n hoffi cael punt gennych? Cytunwch i roi'r bunt i'r person cyntaf sy'n gofyn amdano. Cyn rhoi'r bunt i'r plentyn, dangoswch y jwg ac esbonio beth sydd ynddo. Rhowch y bunt yn y jwg. Ydy'r plentyn yn fodlon rhoi ei l/llaw yn y gync er mwyn cael y bunt?
Dydy hi ddim yn hawdd rhoi'ch llaw mewn dŵr mor ofnadwy, ond mae rhywbeth da yn eich disgwyl, felly rydych yn barod i gymryd y cam.
Roedd Duw wedi gofyn i Josua i wneud gwaith caled a pheryglus. Fyddai arwain y bobl i Ganaan ddim yn hawdd o gwbl - roedd llawer o frwydrau caled o'u blaen er mwyn ennill y tir. Ond roedd Josua'n gwybod bod rhywbeth da iawn yn ei ddisgwyl, felly roedd yn fodlon cymryd y cam a bod yn ufudd i Dduw.

Cwestiwn:
Beth oedd addewid Duw i Josua a'r bobl? Darllenwch adnod 9 gyda'ch gilydd.
Roedd pobl Dduw yn gwybod bod Duw yn addo edrych ar eu holau, beth bynnag a ddeuai i'w rhan.

I Orffen:
Treuliwch amser yn trafod y cwestiynau sydd ar waelod Taflen 4 - ' Beth amdanom ni?'
Byddai'n syniad da i weddïo gyda'r plant am y pethau sydd wedi codi yn ystod eich sgwrs.

2. Josua'n anfon ysbïwyr i Jericho (Josua 2)
Bydd angen y lluniau o Atodiad 3 a 4, wedi'u chwyddo os yn bosibl a'u torri ar wahân, a'u gosod ar waliau o amgylch yr ystafell. Ar bob llun ceir gair o'r hanes, mewn côd. Mae angen i'r plant ddefnyddio'r côd sydd ar Daflen 5 i ddod o hyd i'r geiriau. Hefyd, bydd angen Beiblau ar gyfer cymhwyso.

6 - 11 oed
Josua: yr arweinydd newydd - Josua 1-4

FFYRDD I GYFLWYNO'R STORI

- Atgoffwch y plant o'r hanes blaenorol drwy edrych ar y Llinell Amser;
- Rhannwch y plant yn barau/grwpiau bach gyda chopi o Daflen 5;
- Esboniwch eu bod yn chwarae rôl ysbïwyr heddiw a'u bod angen defnyddio'r côd i ddod o hyd i eiriau pwysig sydd i'w weld o amgylch yr ystafell. Mae lle ar y daflen i ysgrifennu'r geiriau;
- Ar ôl i bawb gael hyd i'r geiriau, darllenwch yr hanes sydd hefyd ar Daflen 5 a chynorthwywch y plant i ddewis y geiriau cywir i bob bwlch;
- Rhowch amser i bawb gynllunio neges gudd.

Cymhwyso

Darllenwch Josua 2:8-11 gyda'r plant, gan esbonio unrhyw eiriau anghyfarwydd. Mae'n gymorth i esbonio cynnwys y darn **cyn** ei ddarllen.

Gofynnwch y cwestiynau canlynol i'r plant:

Beth glywodd Rahab oedd Duw wedi ei wneud dros yr Israeliaid?

Sut oedd hi a thrigolion Jericho yn teimlo yng ngolwg hyn?

Sut mae Rahab yn disgrifio Duw?

Beth mae Rahab yn ei ofyn i'r ysbïwyr? (Adnod 12)

Ydy'r plant yn credu bod y dynion wedi cadw'r addewid a wnaed i Rahab a'i theulu? (Hebreaid 11:31)

Mae'r person a ysgrifennodd lyfr yr Hebreaid yn dweud bod gan Rahab ffydd. Roedd hi wedi clywed beth oedd Duw wedi ei wneud o'r blaen a daeth i gredu mai Ef oedd y gwir Dduw. Oherwydd hyn, roedd teulu Rahab yn ddiogel.

Dysgu'r adnod.

3. Croesi'r Iorddonen i Wlad yr Addewid (Josua 3 a 4)

Bydd angen copïau o Atodiad 5, (6 carreg gyda'r hanes) a 6 'charreg wag'. Hefyd, darnau o gerdyn tua maint A4 - byddai darnau o becynnau grawnfwyd yn addas.

Rhannwch y plant yn barau neu yn grwpiau bychain. Gosodwch set o 'gerrig' ar gyfer pob tîm neu bâr ar un ochr yr ystafell, gyda'r plant yn sefyll gyferbyn â nhw. Gosodwch ddarnau o gerdyn ar hyd y llawr mewn llwybr o'r plant i'r 'cerrig' gyda bwlch rhyngddynt.

Mae'r plant yn camu ar y darnau o gerdyn er mwyn cyrraedd y 'cerrig'. Maen nhw'n codi un garreg ac yn mynd ag e'n ôl. Wedyn, mae'r person nesaf yn camu ar draws i nôl carreg arall ac yn y blaen, nes bod pob carreg wedi eu casglu.

Gofynnwch i'r plant geisio rhoi'r cerrig yn eu trefn gywir. Darllenwch yr hanes i'r plant pan gânt gyfle i newid trefn y cerrig os bydd angen.

Cymhwyso

Darllenwch Josua 1, adnod 9 i'r plant a chanwch gân y gyfres (Bydd yr Arglwydd ei hun). Ydy'r plant yn credu bod yr Israeliaid yn ddewr ac yn gryf yn mentro i groesi'r afon? Pam oedden nhw'n barod i gamu i mewn i'r afon?

Ydyn ni angen bod yn gryf neu'n ddewr weithiau? Gadewch i'r plant gynnig eu syniadau. Rhannwch hanes personol am achlysur pan gawsoch gymorth gan Dduw i fod yn ddewr neu'n gryf - i wynebu salwch neu symud tŷ neu ddechrau swydd newydd. Anogwch y plant i siarad gyda Duw am bopeth sy'n eu poeni, gan eu sicrhau bod Duw'n addo bod gyda ni yn yr un modd ag yr oedd gyda Josua a'i bobl wrth iddynt groesi'r afon Iorddonen flynyddoedd maith yn ôl.

Byddai'n syniad da i weddïo gyda'r plant yn diolch i Dduw am ei ofal ac yn gofyn iddo am gymorth i fod yn gryf ac yn ddewr. Gweler y syniadau 'Gweddïau'.

6 - 11 oed
Josua: yr arweinydd newydd - Josua 1-4

SYNIADAU CREFFT

1. Breichledi Cryf a Dewr

Bydd angen darnau o ruban trwchus gwahanol liw, sy'n ddigon hir i'w glymu ar arddwrn plentyn gyda chwlwm. Hefyd, sgleiniau, glud, pinnau ffelt a sychwr gwallt.

- Dewis darn o ruban.
- Ysgrifennu'r geiriau 'Cryf' a 'Dewr' gyda'r pinnau ffelt ar y darn. Esboniwch fod Duw wedi dweud wrth Josua am fod yn 'gryf' ac yn 'ddewr' wrth arwain y bobl i'w cartref newydd. Doedd dim angen i Josua boeni am ddim byd oherwydd byddai Duw gyda Josua, yn ei helpu i fod yn ddewr a chryf.
- Addurno'r rhuban gyda'r sgleiniau.
- Defnyddio'r sychwr gwallt i sychu'r breichledi cyn eu clymu mewn cwlwm ar freichiau'r plant.

Canwch y gân - 'Bydd ddewr, bydd gryf' (Cyfieithiad o 'Be bold! Be strong!' *Junior Praise)* gyda'r plant gan eu hannog i guro'r awyr gyda'r dwylo wrth ganu a dawnsio.

BYDD DDEWR, BYDD GRYF,
Yr Arglwydd Dduw sydd gyda thi.
Bydd ddewr, bydd gryf,
Yr Arglwydd Dduw sydd gyda thi.
Paid ofni dim a ddaw,
Ingoedd, poen na braw;
Rhodia mewn ffydd a buddugoliaeth,
Rhodia mewn ffydd a buddugoliaeth,
Yr Arglwydd Dduw sydd gyda thi.

2. Sbectol ysbïwr

Bydd angen sbectol ar bob plentyn. Gweler Atodiad 6 am amlinelliad. Byddai'n syniad i gopïo'r sbectol ar gerdyn trwchus neu gludo copïau papur ar ben cerdyn trwchus. Hefyd, offer peintio, hen grysau-T, glitter, glud, sgleiniau.

- Trafodwch rôl ysbïwr a pham eu bod yn gwisgo sbectol? *Fel nad ydynt yn cael eu hadnabod.*
- Rhowch bâr o sbectol cerdyn i bob plentyn a'u hannog i'w haddurno.
- Beth am gael sioe ffasiynau ar y diwedd i bawb gael dangos eu gwaith, neu, beth am dynnu llun y plant yn gwisgo eu sbectol?

3. Addurno carreg

Bydd angen carreg lefn o faint canolig ar bob plentyn, offer peintio, hen grysau-T, glitter a glud.

- Rhowch hen grys-T i bob plentyn i'w gwisgo dros eu dillad a gosodwch bapur newydd dros y bwrdd.
- Gadewch i bob plentyn ddewis carreg a'i beintio'n lliwgar.
- Cynorthwywch y plant i ysgrifennu eu henwau ar y cerrig gyda'r glud.
- Tywalltwch y *glitter* dros y llythrennau.
- Ar ôl amser i sychu, ysgwyddwch y *glitter* rhydd i ffwrdd, a dylai'r enw fod yn weledol.

4. Cardiau cyfarch cerrig

Mae llawer o bobl yn creu cardiau cyfarch y dyddiau hyn. Beth am gopïo un syniad i'r plant greu cardiau cyfarch deniadol iawn? Bydd angen ychydig o offer technegol, ond efallai y byddai rhiant yn fodlon eich helpu gyda hyn?

Bydd angen cardiau cyfarch gwag, swp o gerrig mân, camera digidol, gliniadur, argraffydd, neu gamera 'instamatic', glud a siswrn, pinnau ffelt.

- Penderfynu pwy fydd yn derbyn y cerdyn
- Ffurfio enw'r person gyda'r cerrig a thynnu llun ohono
- Argraffu'r lluniau
- Torri'r enwau allan a'u gludo ar y cerdyn gwag
- Meddwl am gyfarchiad i'w ysgrifennu y tu mewn.

5. Taflenni gwaith

GWEITHGAREDD YCHWANEGOL

Cwis

'Gwir neu gau'
Paratowch nifer o osodiadau o hanesion Josua 1-4, rhai yn wir, rhai yn anwir. Mae'r plant yn sefyll mewn llinell yng nghanol yr ystafell. Darllenwch y gosodiadau, un fesul un. Ar ôl clywed un o'r gosodiadau, mae'n rhaid i'r plant benderfynu a yw'n wir neu'n anwir. Os yw'n wir, dylai'r plant redeg at y wal ar y dde ac yn ôl. Os yw'n anwir, dylai'r plant redeg at y wal ar y chwith ac yn ôl. Os ydyn nhw'n gwneud y dewis anghywir, byddant allan o'r gêm ac yn gorfod eistedd yn y "*cell cosb*." O dro i dro, galwch "Y groes." Mae pawb sydd yn y "*cell cos*b" yn cael ail-ymuno â'r gêm. Ar ôl chwarae, cewch esbonio bod Iesu wedi marw ar y groes i'n hachub o'r "*cell cosb*." Mae gan yr enw 'Josua' yr un ystyr ag enw 'Iesu' - ydy'r plant yn gallu meddwl am gysylltiadau rhwng Josua ac Iesu?

Gêm - Rholio'r garreg
Mae'r plant yn sefyll mewn cylch ac yn taflu pêl feddal at ei gilydd - atgoffwch y plant am y 12 carreg a godwyd yn gofgolofn gan yr Israeliaid. Does dim angen taflu'r bêl o amgylch y cylch. Mae'r person sydd yn taflu'r bêl yn galw, "Rwy'n rholio'r garreg at ...." gan ddweud enw'r person y mae'n bwriadu taflu'r bêl ato. Os oes rhywun yn gollwng y bêl, maen nhw'n rhedeg o amgylch y cylch ac yn ôl i'w lle.

Dysgu'r adnod
Dysgwch gân y gyfres - 'Bydd yr Arglwydd ei hun' sydd wedi'i seilio ar Josua 1, adnod 9.

GWEDDÏAU

Gweddïau

1. 'Mae Duw gyda ni'
Bydd angen 6 darn o gerdyn, wedi'u rhifo o 1 i 6, a dis.

Gofynnwch i'r plant am 6 syniad o wahanol lefydd y maen nhw'n debygol o fod yno yn ystod yr wythnos sydd i ddod, ac ysgrifennwch un ar bob cerdyn. Gosodwch y cardiau o amgylch yr ystafell.

Gadewch i'r plant gymryd tro i daflu'r dis ac i ddewis modd o symud, e.e. cerdded, neidio, sboncio, llithro.

Mae pawb yn gorfod teithio yn y modd penodedig at y cerdyn o'r un rhif a daflwyd, e.e. rhedeg at gerdyn rhif 3, sgipio at gerdyn rhif 1. Wrth gyrraedd, gwahoddwch y plant i ystyried y bydd Duw gyda nhw yn y lleoliad a enwir, ac i weddïo'n dawel, neu ar goedd, gan ddiolch i Dduw am ei ofal yn y sefyllfa honno. Parhewch nes eich bod wedi ymweld â phob lleoliad.

2. Gwerthfawr
Bydd angen Beiblau, pensiliau lliw, cangen ac edafedd (dewisol) ac amlinelliad o aderyn ar bawb - gweler Atodiad 6.

Anogwch bawb i ddod o hyd i Mathew 6:26 a'i ddarllen gyda'ch gilydd. Trafodwch ystyr yr adnod. Rhowch amlinelliad aderyn i bawb, a'u gwahodd i ysgrifennu gweddi o ddiolch i Dduw am ei ofal, neu weddi dros rywun sydd angen gofal Duw yn arbennig.

Gadewch i'r plant addurno'r ochr arall cyn eu clymu i'r gangen. Neu gallai'r plant fynd â'r weddi adref.

6 - 11 oed
Josua: yr arweinydd newydd - Josua 1-4

DRAMA

1. Edrych yn ôl, edrych ymlaen

Mae'r plant yn dychmygu eu bod yn eistedd yn eu pebyll, wedi cyrraedd Afon yr Iorddonen ar ôl blynyddoedd o grwydro'r anialwch. Nawr, mae Canaan o fewn golwg, ac wrth iddynt edrych ymlaen gyda nerfusrwydd, maen nhw hefyd yn edrych yn ôl ac yn adrodd rhai o hanesion y daith.

Cewch hyd i 4 golygfa yn Atodiad 7. Cewch ddewis pa rai i'w hymarfer, yn ôl faint sydd yn y dosbarth. Mae'r olygfa gyntaf yn gosod y cyd-destun. Bydd angen Beiblau Plant er mwyn i'r plant ddarllen ac ymchwilio.

2. Hanes ysbïwyr Josua - steil Asiant Iago Bond

❖ Darllenwch Josua 2, adnodau 1-7 gyda'r plant, crynhowch y sgwrs rhwng Rahab a'r ysbïwyr yn eich geiriau eich hun (adnodau 8-21), ac wedyn, darllenwch adnodau 22-24.

❖ Gofynnwch i'r plant ystyried sut mae nerth Duw i'w weld yn yr hanes. Does dim llawer o gyfeiriadau at Dduw ac mae'r cyfeiriadau sydd yno'n cael eu gwneud gan Rahab, nad yw'n perthyn i bobl Dduw. Ond wedi dweud hyn, mae'n amlwg mai Duw sydd ar waith i ddiogelu'r ysbïwyr. Mae'r un peth yn wir heddiw i raddau: dydy pobl ddim yn siarad llawer am Dduw, hyd yn oed Cristnogion, ond mae'n bosibl ei weld ar waith yn defnyddio ei rym i gadw ei bobl yn ddiogel.

❖ Gofynnwch i'r plant i gyflwyno'r hanes yn null *James Bond.* Bydd angen treulio amser yn ysgrifennu'r hanes, cyn penodi cymeriadau. Gyda grŵp bach, y cymeriadau allweddol yw Rahab a'r ysbïwyr, ond mae digonedd o gymeriadau eraill hefyd, e.e. Brenin Jericho, a'i weision, a'i filwyr, pobl Israel, Josua, teulu Rahab.

Os yn bosibl, defnyddiwch arwyddgân *James Bond* yn gefndir i'r perfformiad. Gellir cyflwyno meim i'r gerddoriaeth, gyda symudiadau a phwyntio - ni fydd angen dysgu geiriau o gwbl.

Ar hyn o bryd, mae'n bosibl prynu'r arwyddgân ar *itunes* neu mae i'w glywed ar *YouTube.* Mae'n para am 1 munud 45 eiliad, felly bydd angen cyflwyniadau byr!

❖ Cofiwch adael digon o amser i bawb gael perfformio. Efallai yr hoffech wahodd rhiant i ffilmio'r cyflwyniadau fel bod y plant yn gallu gwylio eu hunain hefyd.

3. Y newyddion da, a'r newyddion drwg. Darlleniad dramatig gydag effeithiau sain.

Mae'r hanesion am Josua yn llawn o newyddion da a newyddion drwg!

Rhannwch y plant yn ddau grŵp – grŵp y newyddion da, a grŵp y newyddion drwg. Mae grŵp 'y newyddion da' yn neidio ar eu traed bob tro maen nhw'n clywed y geiriau 'newyddion da' gan chwifio'u breichiau yn yr awyr a gweiddi 'Hwre.'

Mae grŵp 'y newyddion drwg' yn codi ar eu traed yn ara' deg, gan ochneidio'n uchel.

Wel, bobl annwyl, mae gennym newyddion da i chi! Ar ôl dros 40 o flynyddoedd yn crwydro trwy'r anialwch maen nhw bron â chyrraedd y wlad yr oedd Duw wedi ei haddo'n gartref iddynt.

6 - 11 oed
Josua: yr arweinydd newydd - Josua 1-4

DRAMA

Yn anffodus, mae gennym newyddion drwg ichi hefyd! Roedd pobl yn byw yng ngwlad Canaan yn barod. Newyddion drwg i bobl Dduw.

Ond y newyddion da oedd bod Duw wedi codi arweinydd arbennig i'w harwain, dyn o'r enw Josua ac roedd Duw wedi addo bod gyda Josua, yn union fel yr oedd wedi bod gyda'r arweinydd blaenorol - Moses. Wrth gwrs, roedd hyn yn newyddion da hefyd.

Roedd Josua yn gwybod bod dinas fawr rhyngddyn nhw a gwlad yr addewid a danfonodd 2 ysbïwr yno i ddarganfod gymaint â phosibl am y ddinas.

Cawsant groeso mawr gan ddynes o'r enw Rahab – newyddion da iawn iddyn nhw.

Y newyddion drwg oedd bod Rahab wedi clywed am Dduw Israel, a bod gan yr Israeliaid gynlluniau i ymosod ar ddinas Jericho.

Wedyn, mwy o newyddion drwg! Dywedodd Rahab wrthynt fod Brenin Jericho yn chwilio amdanynt a'i fod wedi anfon milwyr i chwilio amdanynt.

Ond, y newyddion da oedd bod Rahab yn credu yn Nuw a gofynnodd i'r ysbïwyr ei helpu a'i theulu pe bai hi'n eu helpu nhw i ddianc rhag y milwyr.
Cyrhaeddodd milwyr y Brenin tra bod yr ysbïwyr dal yn nhw Rahab - newyddion drwg. Ond cuddiodd Rahab y ddau ddyn ar ben y to o dan blanhigion llin - newyddion da!

Gollyngodd Rahab y ddau ddyn i lawr drwy'r ffenestr ar raff, a'r newyddion da yw eu bod wedi llwyddo i ddianc yn ôl at Josua.

Ar ôl tri diwrnod dywedodd Josua wrth y bobl ei bod hi'n amser mynd i mewn i Wlad Canaan – roedd pawb wedi cynhyrfu o glywed y newyddion da.

Ond, newyddion drwg – doedd dim modd *iddynt groesi Afon Iorddonen – afon lydan a* dofn a mawr. Roedd dros 40,000 o bobl – babanod, plant, henoed, anifeiliaid – a dim cwch yn y golwg!

Beth yw hyn? Newyddion da? Mae gan Dduw gynllun? Mae'r offeiriaid yn sefyll yng nghanol yr afon? Rhyfedd! Maen nhw'n cario arch y cyfamod – newyddion drwg! Beth pe baent yn ei ollwng? Mae'r 10 Gorchymyn tu mewn! Beth? Mae'r afon wedi peidio â rhedeg? Wel am newyddion da iawn, iawn!

Roedd Duw wedi cadw ei addewid i Josua a'i bobl a llwyddodd pawb i groesi'r afon yn ddiogel – newyddion anhygoel o dda!

AMSERLEN

Wythnos 1: Cyflwyno'r Thema 1 neu 2; Stori 1; Crefft 1; Drama 1;

Wythnos 2: Cyflwyno'r Thema 2 neu 3; Stori 2; Crefft 2; Drama 2;

Wythnos 3: Cyflwyno'r Thema 3 neu 4; Stori 3; Crefft 3 neu 4; Drama 3.

Taflen 4
Josua: yr arweinydd newydd - Josua 1-4

Roedd pobl Dduw wedi bod ar daith hir a blinedig. Nawr, roeddent ar fin cyrraedd y wlad yr oedd Duw wedi'i addo iddynt amser maith yn ôl, yn gartref iddynt.

Edrychwch yn eich Beiblau plant a thynnwch lun o'r Israeliaid yn eu pebyll, yn disgwyl croesi'r Iorddonen i Wlad Canaan.

Dychmyga dy fod yn un o bobl Dduw, yn eistedd yn dy babell. Ceisia ateb y cwestiynau canlynol, mae rhai atebion yn llyfr Josua, pennod 1.

1. Pam yr ydych wedi gwersylla yn yr anialwch?
2. Am faint yr ydych wedi bod yn crwydro'r anialwch?
3. Pwy sydd yn arweinydd, gan fod Moses wedi marw?
4. I ble addawodd fynd â chi?
5. Sut deimladau sydd gennych?
6. Beth ddywedoch chi wrth Josua?
7. Beth sy'n mynd i ddigwydd mewn tridiau, yn ôl Josua?
8. Beth ydy eich barn am hynny?
9. Beth oedd hi'n ei olygu i Josua i ymateb i alwad Duw?

Beth amdanom ni? *Amser i feddwl...*

Beth mae dilyn Duw yn ei olygu i ni, adref neu yn yr ysgol neu gyda'n ffrindiau? Oes pethau anodd yn ein bywydau ni?

Ydy addewid Duw yn gymorth i ni heddiw?

Sut allwn ni gael cymorth Duw i wneud yr hyn sy'n anodd?

Taflen 5
Josua: yr arweinydd newydd - Josua 1-4

Dyma'r côd sydd ei angen i ddod o hyd i rai o eiriau allweddol hanes Josua, pennod 2.
Mae angen y cliwiau o Atodiad 3 a 4 arnoch hefyd.

a	b	c	ch	d	dd	e	f	ff	g	ng	h	i	l	ll	m	n	o	p	ph	r	rh	s	t	th	u	w	y
1	2	3	4	5	6	7	8	9	10	11	12	13	14	15	16	17	18	19	20	21	22	23	24	25	26	27	28

Nawr, cewch lenwi'r bylchau gyda'r geiriau yr ydych wedi eu darganfod......

Arweiniodd .... ei bobl at Afon .... Yr afon oedd yr unig beth oedd yn eu gwahanu oddi wrth wlad yr addewid. Anfonodd dau ddyn fel .... dros yr afon ac i mewn i ddinas .... , a cuddiodd y ddau yn nhŷ gwraig o'r enw ....
Roedd Brenin Jericho wedi clywed bod ysbïwyr yn y ddinas. Rhoddodd orchymyn bod yn rhaid chwilio pob tŷ i ddod o hyd iddyn nhw. Pan ddaeth ei .... i dŷ Rahab fe daerodd hi, wedi iddi guddio'r ddau Israeliad ar do'r tŷ o dan bentwr o .... , nad oedd unrhyw un yno. Wedi i'r perygl fynd heibio, dywedodd wrth y dynion, "Am imi achub eich bywydau chi, mae'n rhaid i chi addo na fyddwch chi'n niweidio unrhyw aelod o fy nheulu i."
"Rydyn ni'n addo," medden nhw. Felly cytunodd y tri bod Rahab yn clymu .... wrth ei ffenestr, i gadw'r ymosodwyr rhag ymosod ar ei thŷ. Yna, gollyngodd Rahab yr ysbïwyr i lawr ar raff a diflannodd y ddau i'r nos.

Defnyddiwch y côd i gynllunio negeseuon cudd i'ch ffrindiau!!

Taflen 6

Josua: yr arweinydd newydd - Josua 1-4

Dwi'n ofnus ....

- Tynnwch lun 4 peth sy'n codi ofn arnoch....
- Darllenwch yr adnod isod.
- Wedyn, gofynnwch i Dduw i'ch gwneud yn gryf ac yn ddewr – yn debyg i Josua!!!

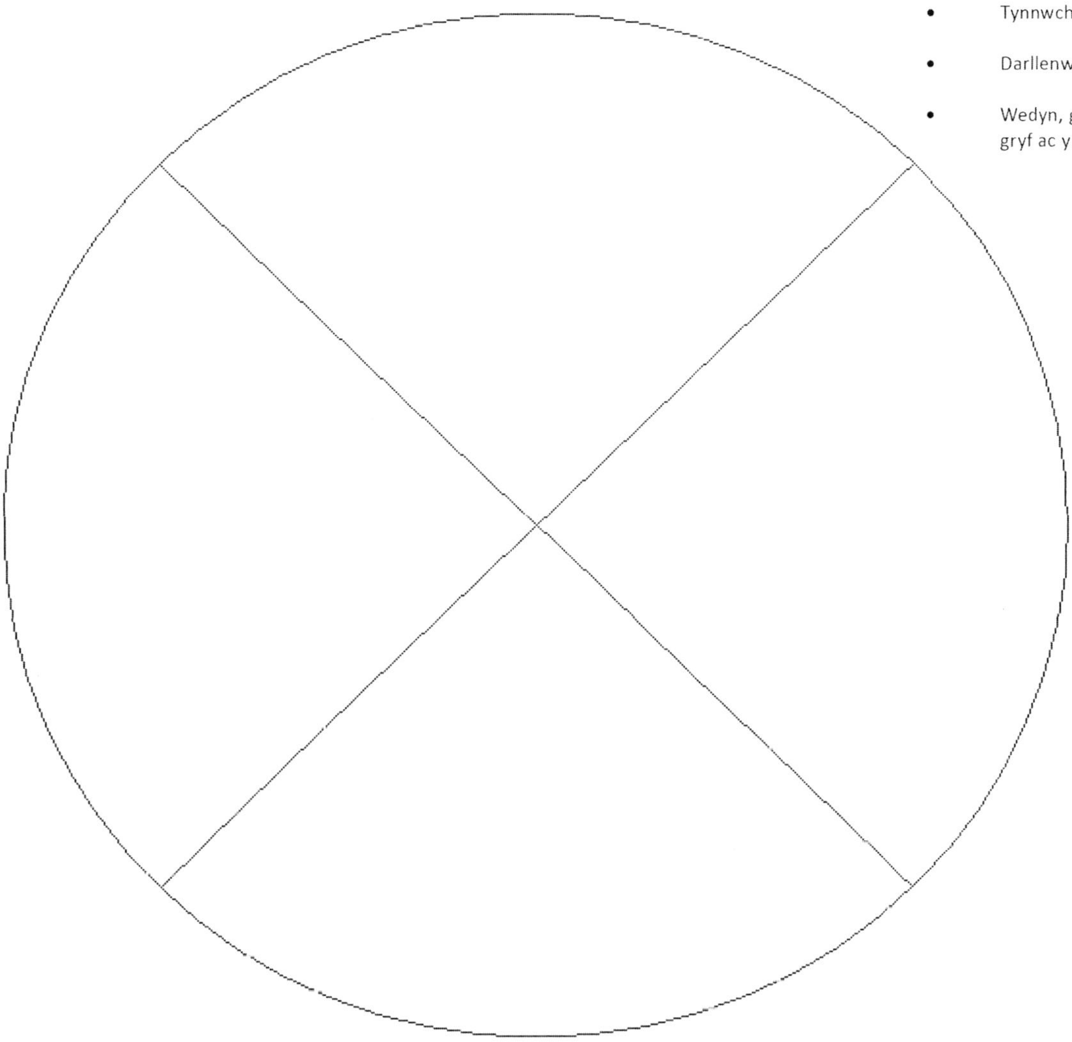

Paid ag arswydo na dychryn,
oherwydd yr wyf fi, yr Arglwydd dy Dduw,
gyda thi ple bynnag yr ei.
Josua 1:9

Taflen 7
Josua: yr arweinydd newydd - Josua 1-4

Anfonodd Josua dau ddyn fel ysbïwyr, dros yr Iorddonen ac i mewn i ddinas Jericho. Cuddiodd yn ddau yn nhŷ gwraig o'r enw Rahab. Lliwiwch y llun ac ychwanegu yr hyn sydd ar goll.

Y	M	O	S	E	S	R	L	W	I
Y	F	F	H	I	Y	R	L	A	O
H	R	G	L	C	W	Y	I	A	R
C	R	Y	F	D	I	B	N	U	D
W	D	D	Y	D	A	R	D	S	D
L	U	H	W	H	G	Y	E	O	O
A	D	C	A	A	T	H	I	J	N
I	J	R	O	R	W	E	D	S	E
N	A	A	N	A	C	U	A	U	N
A	N	Y	S	B	I	W	Y	R	9

Dewch o hyd i'r geiriau canlynol o hanes Josua:

Iorddonen
Arch
Canaan
Moses
Anialwch
Jericho
Rahab
Ysbïwyr
Dewr
Cryf
Llin
Josua

Mae'r llythrennau sydd ar ôl yn ffurfio neges bwysig.

Beth sy'n wir?

Beth gofiwch chi am hanes Josua? Tanlinellwch yr atebion cywir.

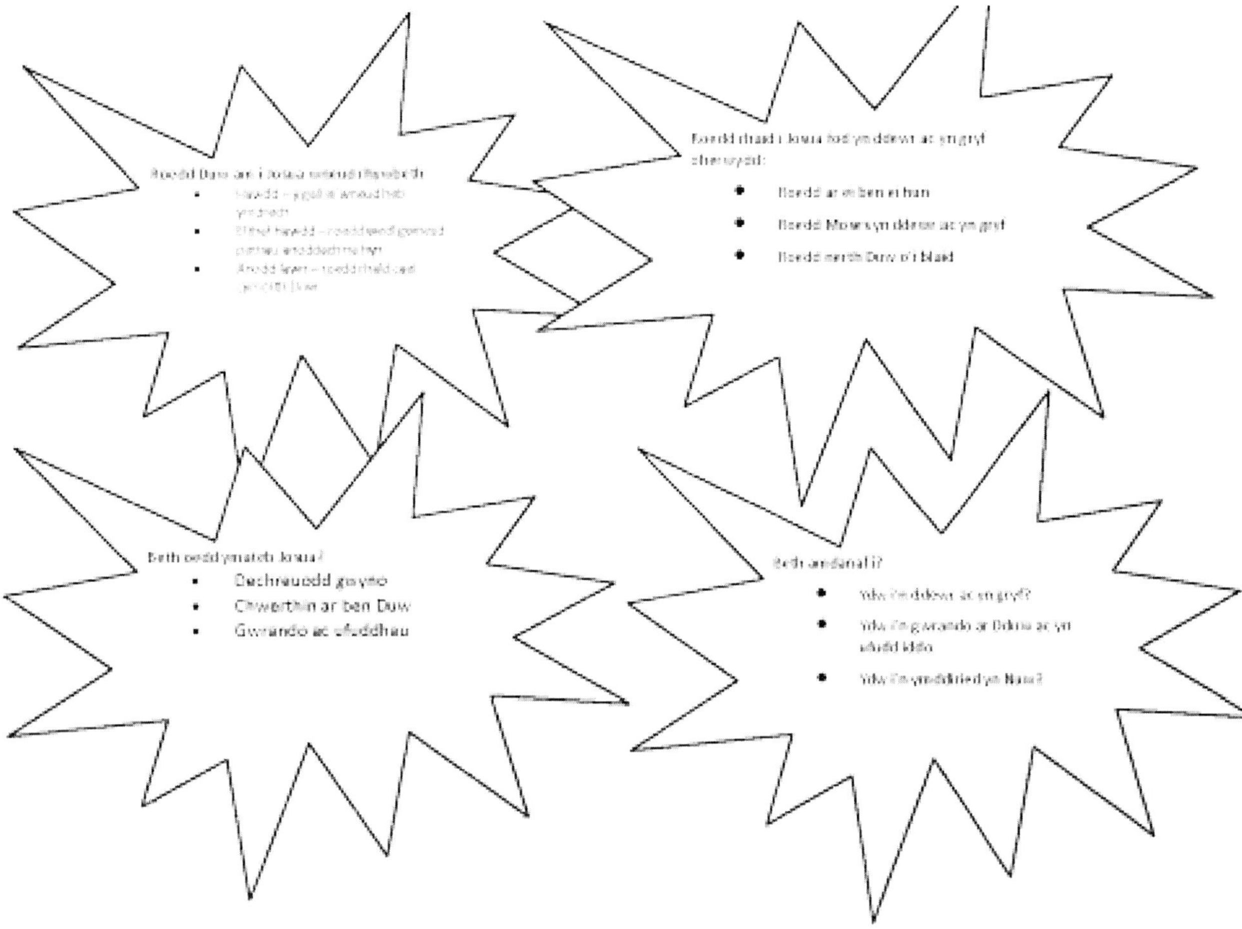

Lliwiwch y stribedi isod cyn eu torri allan a'u defnyddio i greu breichled neu addurn i'ch ystafell wely. Dewch o hyd i'r adnodau yn Deuteronomium 6:6-9 i weld beth ddywedodd Duw wrth ei bobl am bwysigrwydd ei eiriau.

"Paid ag arswydo na dychryn, oherwydd yr wyf fi, yr Arglwydd dy Dduw, gyda thi ble bynnag yr ei." Josua 1:9

"Paid ag arswydo na dychryn, oherwydd yr wyf fi, yr Arglwydd dy Dduw, gyda thi ble bynnag yr ei." Josua 1:9

"Paid ag arswydo na dychryn, oherwydd yr wyf fi, yr Arglwydd dy Dduw, gyda thi ble bynnag yr ei." Josua 1:9

"Paid ag arswydo na dychryn, oherwydd yr wyf fi, yr Arglwydd dy Dduw, gyda thi ble bynnag yr ei." Josua 1:9

11 - 14 oed
Josua: yr arweinydd newydd - Josua 1-4

Mae'r gyfres hon yn dilyn hanes yr Israeliaid wrth iddynt gyrraedd gwlad yr addewid ar ôl dros 40 o flynyddoedd yn crwydro yn yr anialwch. Ar un olwg, doedd dim angen i bobl Dduw dreulio gymaint o amser yn teithio o'r Aifft i Ganaan - mae'n debyg y gellir cyflawni'r siwrne mewn pythefnos!

Ond, roedd gan Dduw bwrpas ar gyfer yr oedi. Mae Numeri 14 yn adrodd sut y digiodd Duw gyda'i bobl am eu hanufudd-dod a'u grwgnach parhaol, a hynny yng ngoleuni ei drugaredd yn eu hachub o'r Aifft a'r arddangosfeydd o'i nerth aruthrol. Felly, datganodd Duw na fyddai unrhyw berson a oedd dros 20 mlwydd oed yn gadael yr Aifft yn mynd i mewn i Ganaan, gan gynnwys Moses ei hun - dim ond Josua a Chaleb!

Roedd angen dewrder a ffydd ar Josua i gamu i esgidiau Moses. Yn yr un modd, mae'n anodd i'n pobl ifanc sefyll dros Iesu, ac i fyw bywydau o ymddiriedaeth yn Nuw. Mae gennym ddyletswydd felly, i rannu gyda nhw sut yr ydym wedi profi arweiniad a chynhaliaeth yr Arglwydd, fel eu bod hwy'n medru ei ddilyn gyda hyder yn ei addewid i fod gyda'i bobl.

Wythnos 1

Yn y sesiwn cyntaf byddwn yn ystyried cymeriad Josua, arweinydd newydd pobl Dduw, a'r her a gafodd gan Dduw i fod yn ddewr a chryf wrth arwain yr Israeliaid i Ganaan, y cartref newydd a gafodd ei addo'n gyntaf i Abraham, Isaac a Jacob. Law yn llaw â'r her hon, rhoddwyd addewidion bendigedig i Josua o bresenoldeb ac arweiniad Duw ei hun.

Cyflwyno'r Thema

1. Angen Arwr

Bydd angen dwy gadair, 3 sgarff, 1 blanced/ tywel fel clogyn.

Gosodwch y ddwy gadair tua 3 metr oddi wrth ei gilydd, yn wynebu ei gilydd. Dewiswch un gwirfoddolwr i fod yn 'gaeth', a'i glymu i'r gadair gyda 2 sgarff. Dewiswch wirfoddolwr i eistedd ar y gadair arall yn gwisgo'r sgarff arall fel mwgwd -dyma'r dihiryn sydd wedi dal yr un caeth!

Rhowch y clogyn - y tywel - ar y llawr rhwng y ddwy gadair.

Eglurwch mai nod y gêm yw dod o hyd i arwr sy'n gallu codi'r clogyn a rhyddhau'r person sy'n gaeth, heb i'r dihiryn glywed. Mae'r bobl ifanc yn cymryd tro felly, i godi'r clogyn a mynd i ddatod y 2 sgarff. Os bydd y 'dihiryn' yn clywed unrhyw symudiad, mae e/hi'n pwyntio i gyfeiriad y sŵn, ac os yw'n iawn, bydd yr 'arwr' wedi methu a bydd y person nesaf yn ceisio rhyddhau'r un caeth. Cofiwch amseru pob ymdrech rhag ofn i fwy nag un aelod o'r grŵp lwyddo. Bydd yr un cyflymaf yn cael ei gydnabod fel y *mega arwr!*

Eglurwch y byddwn yn cyfarfod ag un o 'mega arwyr' y Beibl yn y gyfres hon, dyn o'r enw Josua, a gafodd ei alw gan Dduw i arwain yr Israeliaid ar ôl marwolaeth Moses.

2. Clip Ffilm

Bydd angen teledu a DVD neu liniadur, a chopi o Spiderman 2 (PG) arnoch.

Mae'r clip yn dangos Peter Parker yn ystyried beth yw ystyr bod yn 'mega arwr', ac yn derbyn cyngor gan Fodryb Mary am yr hyn mae bod yn 'arwr' yn ei olygu i bobl eraill.
Dechrau:1:13:41
Gorffen:1:21:45
Penodau 33-35

Trafodwch sut mae'n bosibl i ni gyd fod yn 'arwyr', os ydym yn cynorthwyo rhywun rywbryd. Efallai bydd gan rai aelodau o'r grŵp brofiadau personol i'w rhannu.

11 - 14 oed
Josua: yr arweinydd newydd - Josua 1-4

Eglurwch y byddwn yn cyfarfod ag un o 'fega arwyr' y Beibl yn y gyfres hon, dyn o'r enw Josua, a gafodd ei alw gan Dduw i arwain yr Israeliaid ar ôl marwolaeth Moses.

Darllen a deall y Beibl - Josua 1

Bydd angen
- *Llinell Amser,*
- *Beiblau,*
- *copi o Atodiad 7 i bawb,*
- *pinnau ffelt,*
- *y llun o Josua o daflen Meithrin 1.*

O flaen llaw, gwnewch 8 siâp meddwl (yn debyg i gwmwl) o amgylch Josua, gydag un o'r cyfeiriadau canlynol ymhob un: Exodus 17:9, Exodus 24:13, Exodus 33:11, Numeri 13:16, Numeri 14:5-9, Numeri 27:18-21, Numeri 32:12, Deuteronomium 34:9. Gadewch le i ysgrifennu crynodeb o'r adnod/au yn y siâp meddwl hefyd.
- *Atodiad 8.*

I ddechrau....
- Gofynnwch i'r grŵp ddod o hyd i Moses ar y llinell amser. Beth maent yn ei gofio amdano? Cewch grynodeb defnyddiol iawn yn y 4 paragraff sydd o dan y llun.

Pwysleisiwch rôl Moses yn arwain pobl Dduw o'r Aifft.

Atgoffwch y bobl ifanc o'r addewidion a gafodd Abraham gan Dduw, a'r ffaith bod Moses yn arwain yr Israeliaid tuag at y wlad yr oedd Duw wedi ei haddo i Abraham a fyddai'n gartref i'w bobl.

Rhowch gopi o Atodiad 7 i bawb ac esboniwch eich bod am dynnu llun map i ddangos ble mae pobl Dduw wedi cyrraedd erbyn hyn.

Esboniwch wrth y grŵp bod poblogaeth pobl Dduw wedi tyfu ymhell dros 40,000 – mae Josua 4:13 yn cofnodi bod tua 40,000 o ddynion arfog wedi croesi'r afon Iorddonen, heb sôn am blant a gwragedd a phobl mewn oed.

Gofynnwch i'r grŵp chwilio am yr Aifft, ac i dynnu llun (pyramid?), wedyn, i ddilyn y saethau sy'n dangos taith yr Israeliaid. Esboniwch wrth y grŵp bod pobl Dduw wedi methu ag ymddiried ynddo, ac wedi bod yn anufudd, felly, roedd yn rhaid iddynt grwydro'r anialwch am 40 o flynyddoedd cyn i Dduw fod yn fodlon iddynt gyrraedd eu cartref newydd. Gofynnwch iddynt dynnu lluniau i ddynodi anialwch (tywod, cacti).

O'r diwedd, maent yn cyrraedd afon yr Iorddonen, ac mae Moses yn dringo'r mynydd i gael golwg dros Ganaan - y wlad yr oedd Duw wedi ei haddo'n gartref i'w bobl. Mae'n wlad braf a ffrwythlon - yn llawn coed, anifeiliaid, ffrwythau a chnwd da. Gofynnwch i'r grŵp dynnu lluniau yng Nghanaan i ddangos tir da a ffrwythlon. Mae lluniau da i'w gweld ym Meibl Lliw y Plant, tudalen 88, 91 a 92.

Ond beth sy'n digwydd nesaf?

Darlleniadau 1
Deuteronomium 34:1-6. Mae Moses, arweinydd pobl Dduw, yn marw.

Josua 1:1-5. Mae Duw'n dweud wrth Josua am gymryd yr awenau fel arweinydd.

Darganfod mwy am Josua
Dangoswch y llun o Josua i'r grŵp, a gofynnwch iddynt chwilio am yr adnodau. Cewch wahodd unigolion neu barau i fod yn gyfrifol am ddod o hyd i un neu ddwy o'r adnodau'n unig. Ysgrifennwch yr hyn mae'r adnodau'n dweud am Josua yn y siâp perthnasol.

Exodus 17:9 - mae Josua yn filwr abl, mae'n arwain yr ymladd yn erbyn Amalec.

Exodus 24:13 - roedd Josua gyda Moses ar ben mynydd Sinai wrth i Dduw gyfarfod â Moses a rhoi'r 10 Gorchymyn iddo.

Exodus 33:11 – mae Josua yn was i Moses, ac yn aros gydag ef o hyd.

11 - 14 oed
Josua: yr arweinydd newydd - Josua 1-4

Numeri 13:16 - roedd Josua wedi cael ei ddewis i fod yn un o'r ysbïwyr a aeth i wlad Canaan i weld sut le ydoedd.

Numeri 14:5-9 - Mae Josua (a Caleb) yn credu bod Canan yn wlad dda iawn a bydd Duw'n eu helpu i gymryd y wlad, er bod y 10 ysbïwr arall yn dod yn ôl yn llawn amheuon ac ofnau.

Numeri 27:18-21 – mae Moses yn rhannu ei awdurdod gyda Josua.

Numeri 32:12 –Josua a Caleb yw'r unig rai dros 20 oed sy'n cael mynd i mewn i wlad Canaan.

Deuteronomium 34:9 - roedd Josua'n llawn doethineb, am fod Moses wedi rhannu ei ddoethineb gydag ef, ac felly roedd pobl Dduw yn gwrando arno.

Darlleniadau 2

Beth oedd gan Dduw i ddweud wrth Josua?

Darllenwch Josua 1:6-9 a gosodwch y swigod siarad sy'n crynhoi neges Duw i Josua, o amgylch Josua. (o atodiad 8).

Trafodwch ystyr bob un.

Roedd Josua'n gwybod na fyddai'n hawdd arwain pobl Dduw i Ganaan, eu cartref newydd. Byddai'n rhaid brwydro yn erbyn trigolion Canaan i ennill y tir; byddai'n rhaid bod yn ddoeth ac yn benderfynol ac yn gall. Sut fyddai geiriau Duw wedi ei helpu wrth wynebu'r dyfodol?

Treuliwch amser yn edrych yn ôl dros eiriau Duw ac yn ceisio eu cymhwyso i fywydau'r grŵp. e.e. oes sefyllfa yn eu bywyd sy'n galw am ddewrder neu am gryfder? Ydyn nhw angen bod yn ufudd i Dduw mewn sefyllfa arbennig? Oes rhywbeth yn gwneud iddynt boeni?

Mae'r addewid a wnaeth Duw i Josua, i fod gydag ef ymhob man, yn addewid i ninnau hefyd. Ydy credu hyn yn gymorth i ni?

Treuliwch amser yn gweddïo gyda'r grŵp. Efallai yr hoffai aelodau o'r grŵp rannu sut maen nhw angen cymorth Duw i fod yn ddewr neu'n gryf neu'n ddi-ofn. Neu, gweddïwch drostynt fel grŵp, fel y byddwch i gyd yn profi agosrwydd Duw yn eich helpu i wynebu eich amgylchiadau. Atgoffwch y grŵp o barodrwydd Duw i'w helpu gyda'r pethau'n sy'n eu poeni o ddydd i ddydd, a bod Duw am inni siarad gydag ef am y pethau yma mewn gweddi.

Gweithgarwch ychwanegol

1. Dilyn yr Arweinydd

Nod y gêm yw bod un person yn dyfalu pwy yw'r arweinydd. Eisteddwch mewn cylch. Dewiswch un person i adael yr ystafell. Yna, dewiswch berson arall i arwain pawb arall mewn cyfres o symudiadau sy'n ymwneud â 'chwaraeon eithafol', e.e. dringo, sglefrio jet, neidio clogwyni, syrffio, naid 'bynji', plymio o'r awyr, snorcelu, sgrialu, bordhwylio, beicio mynydd.

Mae angen i'r arweinydd newid o un symudiad i'r nesaf yn llyfn a heb dynnu sylw at ei hun ac yn yr un modd mae angen i'r chwaraewyr eraill gadw llygaid ar yr arweinydd ond yn ochelgar.

Esboniwch y rheolau wrth y grŵp cyn gwahodd y person sydd wedi bod tu allan i'r ystafell yn ôl i geisio dyfalu pwy sy'n 'arwain' y lleill. Ar ôl dyfalu'n gywir, mae'r arweinydd yn cael tro i fod yn ddyfalwr.

Parhewch nes bod pawb wedi cael tro i fod yn ddyfalwr, neu am amser penodol.

Trafodwch y gwahanol arweinwyr yr ydym yn dod ar eu traws bob dydd - e.e. Prifathro'r ysgol, Prif Weinidog y Wlad, rhieni, capten y tîm pêl-droed - a beth yw rôl arweinydd a phwysigrwydd cael arweinwyr.

11 - 14 oed
Josua: yr arweinydd newydd - Josua 1-4

Wythnos 2

Yn y sesiwn hon, byddwn yn ystyried hanes Josua pennod 2, pan gafodd dau ysbïwr eu hanfon i mewn i ddinas Jericho i arsylwi, mewn paratoad ar gyfer ymosodiad yr Israeliaid ar y ddinas.

Cawn weld sut y cadwodd Duw'r ddau'n ddiogel pan oedd perygl y byddent yn cael eu dal gan filwyr brenin Jericho. Daeth achubiaeth iddynt o gyfeiriad annisgwyl - trwy gymorth y butain Rahab. Mae hi yn ei thro'n ceisio cymorth y ddau ysbïwr gan sicrhau addewid o amddiffyniad pan fyddai byddin Israel yn ymosod ar Jericho. Mae hi a'i theulu'n cael eu hachub o farwolaeth sicr o ganlyniad.

Mae'r thema'n un bwysig i ni a'n pobl ifanc. Mae bod yn sicr o barodrwydd a gallu Duw i'n hamddiffyn, beth bynnag ein hamgylchiadau, yn ein galluogi i fyw heb ofn ac yn fwy hyderus.

Cyflwyno'r Thema

1. Beth sy'n codi ofn arnoch?

Bydd angen darn mawr o bapur a beiros.

Gofynnwch i'r grŵp beth sy'n codi ofn arnynt, a lluniwch restr ohonynt, gyda'r rhesymau am yr ofnau hefyd. Efallai yr hoffai rhai o'r grŵp rannu hanes am ddigwyddiadau/sefyllfaoedd ofnus y maent wedi'u profi.

Wedyn, dangoswch y rhestr o ddeg ofn mwyaf pobl America yn 2009, sydd i'w weld yn Atodiad 7, a thrafodwch y cynnwys. Ydy'r grŵp yn synnu at rai o'r ofnau? Ydyn nhw'n credu bod rhai o'r ofnau'n ddianghenraid?

Yn yr hanes heddiw byddwn yn cyfarfod â dynes a oedd yn llawn ofn - a hynny am reswm da!

2. Clip ffilm *Monsters Inc.*

Bydd angen teledu a chwaraewr DVD neu liniadur, a'r DVD Monsters Inc.

Mae'r darn o dan sylw'n dangos yr angenfilod yn cael eu hyfforddi i godi ofn ar blant. Ond y gwir yw, bod gan yr angenfilod fwy o ofn y plant.......

Dechrau: 1:13:41

Gorffen: 1:21:45

Penodau 33-35

Trafodwch ofnau'r grŵp – oes sail i bob un ohonynt?

Esboniwch y byddwn yn clywed hanes dynes a oedd yn llawn ofn - a hynny am reswm da iawn!

Darllen a deall y Beibl - Josua 2

Bydd angen Beiblau, adnoddau ar gyfer yr adran 'Adolygu'r hanes' (isod), 3 darn o bapur gyda'r geiriau 'CLYWED', 'CREDU', 'CEISIO' arnynt.

Atgoffwch y grŵp o'r hanes blaenorol, trwy ddangos y llun o Josua o wers wythnos 1.

Darllen Josua pennod 2 adnodau 1-7 a 14-24

Adolygu'r hanes trwy greu 5 golygfa o'r hanes. *Bydd angen: darn mawr o bapur, pinnau ffelt, props ar gyfer yr hanes (e.e. stribedi o bapur yn llin, rhaff goch), camera digidol (dewisol).*

Gofynnwch i'r grŵp i feddwl am y 5 golygfa bwysicaf o'r hanes, ac ysgrifennwch eu syniadau ar y papur, e.e. Rahab yn cuddio'r ysbïwyr o dan y llin, milwyr y brenin yn dod i chwilio am yr ysbïwyr ayyb.

Wedyn, gofynnwch iddynt greu'r golygfeydd er mwyn tynnu llun ohonynt. Ar y diwedd, dylai hi fod yn bosibl ail adrodd yr hanes gan ddefnyddio'r lluniau.

Does dim rhaid tynnu llun gyda chamera - caiff y grŵp dynnu lluniau ar bapur.

Trafodwch y cwestiynau canlynol:
Pam rododdd Rahab y rhaff goch yn ffenestr y tŷ?
Pwy fyddai'n diogelu teulu Rahab?
Pam y gwnaeth Rahab ofyn am amddiffyniad?

11 - 14 oed
Josua: yr arweinydd newydd - Josua 1-4

Darllenwch adnodau 8-13 a thynnu sylw'r grŵp at:

1. Beth mae Rahab wedi ei **glywed** am Dduw'r Israeliaid - bod Duw wedi rhoi'r wlad hon iddynt, bod Duw wedi sychu'r Môr Coch, bod Duw wedi eu cynorthwyo i drechu'r Amoriaid. *Dangoswch y gair 'CLYWED.'*

2. Beth mae Rahab yn ei **gredu** am Dduw - mai Duw'r Israeliaid ydy Duw'r nefoedd a'r ddaear, h.y. y Duw pwysicaf a mwyaf pwerus. Yng ngoleuni hyn i gyd, mae Rahab yn gwybod bod pobl Dduw yn siŵr o gymryd Jericho, a bod ei bywyd a bywydau ei theulu mewn perygl mawr. *Dangoswch y gair 'CREDU.*

3. Beth mae Rahab yn ei **geisio** – addewid o ddiogelwch. *Dangoswch y gair 'CEISIO.'*

Cymhwyso
Edrychwch ar y 3 gair eto a gofynnwch i'r grŵp, beth maen nhw wedi ei 'glywed' am Dduw? Beth maent yn ei 'gredu' am Dduw? Beth maen nhw'n ei 'geisio' gan Dduw?

Ysgrifennwch eu hatebion o amgylch y geiriau. Wrth i ni dreulio amser yn yr Ysgol Sul neu'n darllen y Beibl ein hunain, rydym yn 'clywed' sut un ydy Duw. Rydym yn clywed am ei gariad tuag atom, am y drafferth mae ein pechodau'n achosi i Dduw, ac am y ffordd y mae Duw wedi delio gyda'n pechodau drwy ddanfon ei fab Iesu Grist i farw yn ein lle.

Ydyn ni'n credu'r hyn rydym wedi ei glywed a'i ddysgu am Dduw, fel y credodd Rahab?
Os ydym yn credu, beth yw ein hymateb?
Roedd Rahab wedi gofyn i Dduw ei chadw'n ddiogel – ydyn ni wedi gofyn i Dduw am ei faddeuant ac am ei gymorth i fyw o ddydd i ddydd?

Gweddïau
Rhowch ddarnau o edafedd coch i bawb a'u gwahodd i'w plethu a chreu breichled.

Anogwch y bobl ifanc i weddïo dros bobl sydd angen profi cymorth ac amddiffyniad Duw heddiw - rhai anghenus yn ein cymdeithas a Christnogion trwy'r byd sy'n wynebu amgylchiadau anodd neu erledigaeth oherwydd eu ffydd.

Atgoffwch y grŵp bod Iesu wedi marw ar y groes drostynt - mae'r edafedd coch yn ein hatgoffa o waed Iesu'n cael ei dywallt er mwyn i ni brofi maddeuant Duw. Marwolaeth Iesu ar y groes sy'n ei gwneud hi'n bosibl i ni gael perthynas â Duw. Anogwch y grŵp i ddiolch i Dduw am ddangos ei gariad mewn ffordd mor gostus.

Gweithgarwch ychwanegol

Sialens – Amddiffyn yr ŵy
Bydd angen wyau, deunydd i orchuddio'r wyau - plastig, papur newydd, cerdyn, tâp selo, plastig lapio ayyb - darn mawr o blastig i orchuddio'r llawr neu hen dywelion, gwobr fechan.

Rhannwch y grŵp i barau neu grwpiau bychain i greu rhyw fath o amddiffyniad i'r ŵy gyda'r deunydd fel na fydd yr ŵy yn cracio a malu pan gaiff ei ollwng o uchder.

Rhowch 5 munud iddynt weithio ar y dasg cyn casglu'r wyau a'u gollwng, un fesul un, ar y plastig/tywelion. Byddai'n syniad i sefyll ar ben cadair, neu hyd yn oed ysgol, os oes un ar gael! Rhowch wobr i'r grŵp sydd fwyaf llwyddiannus.

Wythnos 3
Josua 3, 4

Bydd ein pobl ifanc yn wynebu llawer o rwystrau wrth iddynt dyfu a datblygu, ac mae'n rhaid iddynt ddysgu byw mewn ffydd ac ymddiriedaeth yn Nuw. Wrth dyfu i fod yn oedolion mae profiadau newydd yn dod i'w rhan. Efallai bod ganddynt syniadau o beth sydd ar y gorwel, ond mae'r realiti yn aml yn wahanol iawn i'r hyn a ddychmygwyd neu a ragdybiwyd. Mae'n ddigon posib mai dyna oedd profiad yr Israeliaid hefyd wrth iddynt symud i Wlad yr Addewid. Ond, mae Duw'n addo bod gyda'i bobl bob cam o'r ffordd - dyma'r ffydd oedd ei angen ar yr Israeliaid, a dyma'r ffydd sydd ei angen ar ein pobl ifanc ac arnom ninnau hefyd.

Cyflwyno'r Thema

1. Cystadleuaeth dewis cerdyn
Bydd angen pac o gardiau, gwobrwyon.

Cymysgwch y cardiau a'u rhoi ben i waered ar fwrdd o flaen y bobl ifanc. Rhannwch y grŵp i grwpiau llai, bydd angen o leiaf dau grŵp. Cyfeiriwch at y gwobrau sydd i'w rhoi i'r tîm buddugol.

Gwahoddwch un tîm i chwarae'n gyntaf.
Trowch y cerdyn cyntaf. Rhif y cerdyn fydd y nifer o bwyntiau i'r tîm hwnnw (mae A's yn cyfrif fel 11 a'r cardiau llun eraill yn 10). Mae'r tîm yn penderfynu naill ai i aros neu droi cerdyn arall. Os byddant yn dewis troi cerdyn arall, mae'n rhaid iddynt ddyfalu a fydd y cerdyn nesaf werth mwy neu lai na'r cerdyn cyntaf.

Os ydynt yn dyfalu'n gywir, mae'r rhif hwnnw'n cael ei ychwanegu i'r sgôr flaenorol, ond os ydynt yn anghywir, maent yn colli'r pwyntiau i gyd!

Y tîm buddugol yw'r tîm gyda'r sgôr uchaf ar ôl i bob tîm cael tro. Gwnewch dipyn o sioe wrth gyflwyno'r gwobrau.

2. Ymarfer saethu!
Bydd angen sgarff a pheli bach sbwng, gwobrau.

Rhannwch y bobl ifanc yn dimoedd. Cyfeiriwch at y gwobrau sydd i'w rhoi i'r tîm buddugol. Gwahoddwch y tîm cyntaf i ddewis un o'r tîm i fod yn '*darged.*'

Mae'r 'targed' yn sefyll mewn siâp seren (gyda breichiau a choesau ar led) yn erbyn wal, ac yn gwisgo'r sgarff fel mwgwd!

Mae aelodau eraill y tîm yn cymryd tro i daflu'r peli sbwng at y targed, ond y nod yw PEIDIO â chyffwrdd y targed.

Mae'r tîm yn sgorio 10 pwynt am daro'r wal rhwng coesau'r targed, 20 pwynt am daro'r wal yn agos i ben y targed, 5 pwynt am daro'r wal o fewn metr i'r targed, ac yn colli 10 pwynt os byddant yn taro'r targed!

Penodwch amser i bob tîm gystadlu neu nifer penodol o saethau.

Y tîm sydd â'r sgôr uchaf fydd yn ennill y sialens. Eto, gwnewch dipyn o sioe wrth gyflwyno'r gwobrau.

Darllen a Deall y Beibl
Bydd angen Beiblau.

Gwahoddwch y bobl ifanc i sefyll mewn rhes ar hyd un ochr o'r ystafell. Gofynnwch iddynt ateb y cwestiynau canlynol, gyda'r cyfarwyddiau penodedig:

Pwy sy'n eich cynorthwyo i ddewis?
- Dewis pa sanau i wisgo heddiw
- Dewis pynciau TGAU
- Dewis hoff fand

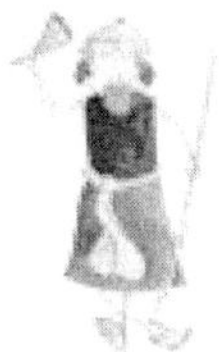

11 - 14 oed
Josua: yr arweinydd newydd - Josua 1-4

- Dewis beth i gael i swper
- Dewis bod yn ufudd neu beidio i'r athrawon
- Dewis ffrindiau
- Dewis beth i'w gredu
- Dewis beth i'w wylio ar y teledu
- Dewis ble i fynd ar wyliau
- Dewis cael tyllau yn eich clustiau (neu rywle arall ar eich corff!)

Cyfarwyddiau: Cymerwch un cam ymlaen os ydych yn gwneud y penderfyniad eich hun; dau gam os yw eich ffrindiau yn eich cynorthwyo; tri cham os yw oedolyn yn eich cynorthwyo.

Y person sy'n cyrraedd yr 'ochr arall' yn gyntaf sy'n 'ennill.'

Trafodwch yr amseroedd hynny pan fyddwn angen cymorth gan bobl eraill. Byddai'n dda rhannu hanes personol.

Esboniwch fod yr hanes heddiw'n adrodd sut y cafodd yr Israeliaid gymorth gan Dduw mewn modd hynod o ryfedd. Anogwch y bobl ifanc i ddychmygu eu bod ymysg pobl Dduw wrth iddynt sefyll wrth ymyl yr afon Iorddonen, afon lydan ddofn, yn disgwyl i weld beth fyddai'n digwydd nesaf. Doedd dim modd iddynt groesi'r afon - doedd dim pont na chwch - ond roedd rhaid ei chroesi er mwyn cyrraedd yr ochr draw, lle byddent yn byw.

Darlleniad - Josua 3

Pwy aeth i mewn i'r afon yn gyntaf?
Adnodau 8 a 14
Beth oeddent yn ei gario? Adnodau 8 a 14
Beth ddigwyddodd nesaf? Adnodau 15-17
Pam wnaeth Josua a'r offeiriad hyn?
Adnodau 7 a 9 (*dywedodd Duw wrthynt*).

Cymhwyso
Roedd Josua a'r bobl yn fodlon cymryd risg anferth oherwydd roeddent yn sicr bod Duw gyda nhw ac yn eu harwain. Dewison nhw gymryd risg, a gwrando ar Dduw, ac roedd y canlyniadau'n rhai da dros ben - cawsant gyrraedd eu cartref newydd.

Cyfeiriwch yn ôl at y gemau ar y cychwyn. Yn y gemau, roedd risgiau, i dderbyn cerdyn da neu wael neu i daro'r targed neu beidio – roedd yn rhaid penderfynu rhwng cymryd y risg neu beidio, er mwyn cael y siawns orau o ennill y wobr.
Mewn bywyd, rydym yn wynebu penderfyniadau tebyg o ddydd i ddydd - rydym yn gwybod bod rhai o'n penderfyniadau yn golygu risg o ryw fath. Mae yna ganlyniadau i fod yn Gristion hefyd. Mae Duw'n rhoi agwedd newydd a ffordd newydd o edrych ar fywyd. Ond mae bod yn Gristion yn golygu gwobrau hollol ryfeddol: maddeuant pechodau, bywyd tragwyddol, sicrwydd bod Duw gyda ni o hyd.

Darllenwch Malachi 3:10 gyda'r grŵp. Yn yr adnod hon mae Duw'n dweud wrth ei bobl i gymryd risg - i roi eu ffydd ynddo ac yna byddent yn derbyn bendithion helaeth ganddo. Cymerodd yr Israeliaid risg wrth gamu i mewn i'r afon a chawsant fendithion ffantastig yng Nghanaan. Mae pob person sy'n credu Duw ac yn rhoi ei b/fywyd iddo, hefyd yn derbyn llawer o bethau ffantastig ganddo.

Gweddïau
Bydd angen croes bach o bren (dau frigyn wedi'u clymu gyda chortyn), a 12 carreg.

Adroddwch ddigwyddiadau Josua 4 yn eich geiriau eich hun, gan osod y cerrig mewn pentwr wrth siarad. Pwrpas y cerrig felly, oedd atgoffa'r bobl o'r digwyddiad hwn. Roedd ganddynt ffydd yn Nuw, a chymeron nhw gamau mewn ffydd a alluogodd iddyn nhw gyrraedd Gwlad yr Addewid, a dod yn genedl gyda thir eu hunain. Gosodwch y groes i sefyll yng nghanol y cerrig. Mae'r groes yn ein hatgoffa o aberth Iesu drosom ar y groes. Mae'n bosibl i ni gael perthynas â Duw a phrofi ei ofal a'i gariad bob dydd.

11 - 14 oed
Josua: yr arweinydd newydd - Josua 1-4

Darllenwch Josua 1, adnod 9. Gwahoddwch y bobl ifanc i weddïo'n dawel, neu ar goedd, i ddiolch i Dduw am ei addewid i fod gyda'i bobl. Anogwch hwy i ddweud wrth Dduw'r hyn sy'n eu poeni gan ofyn am gymorth, neu i weddïo dros rywun sydd angen profi cymorth Duw. Efallai yr hoffech herio'r bobl ifanc i ystyried a ydynt erioed wedi cymryd y 'risg' o wahodd Iesu i'w calonnau, a'u hatgoffa o'r gwobrwyon y mae Duw'n ei addo i bawb sy'n ei dderbyn yn Waredwr.

Gwahoddwch bawb i gymryd carreg a'i chadw, i'w hatgoffa o'r hanes, yr hyn y mae Duw wedi ei wneud drostynt a sut y gallwn gael ffydd ynddo.

Gorffennwch gyda gweddi, "Diolch Dduw am addo bod gyda dy bobl bob dydd. Helpa ni i gael ffydd ac i fod yn ddewr i wneud yr hyn sy'n dy blesio, fel y gwnaeth Josua a'r Israeliaid."

Gweithgarwch ychwanegol
Beth am addurno carreg neu greu cerdyn cyfarch gyda lluniau o gerrig? Gweler yr adran Grefft 6-11 oed am syniadau.

Atodiad 1
Josua: yr arweinydd newydd - Josua 1-4

Atodiad 2
Josua: yr arweinydd newydd - Josua 1-4

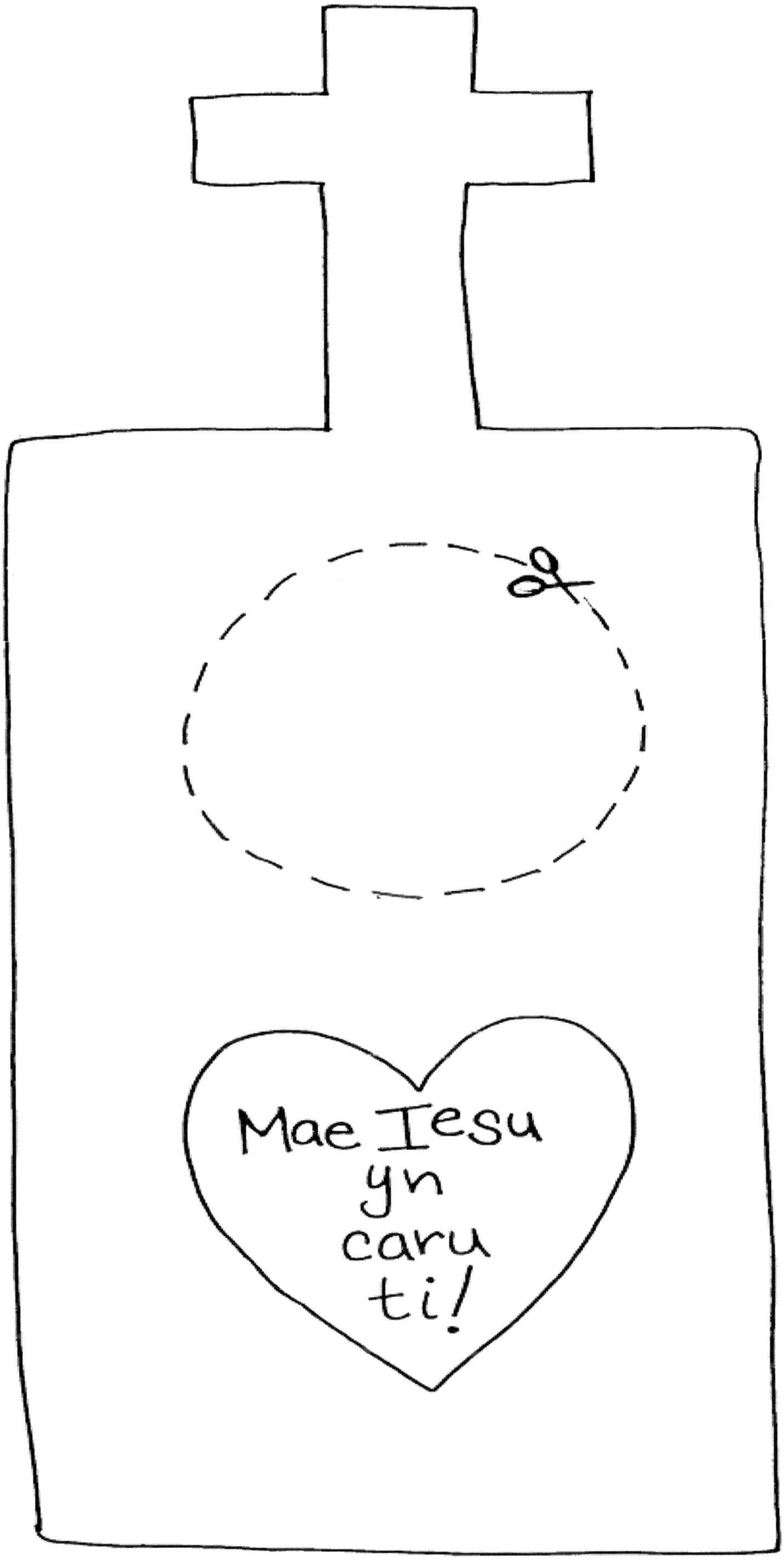

Atodiad 3
Josua: yr arweinydd newydd - Josua 1-4

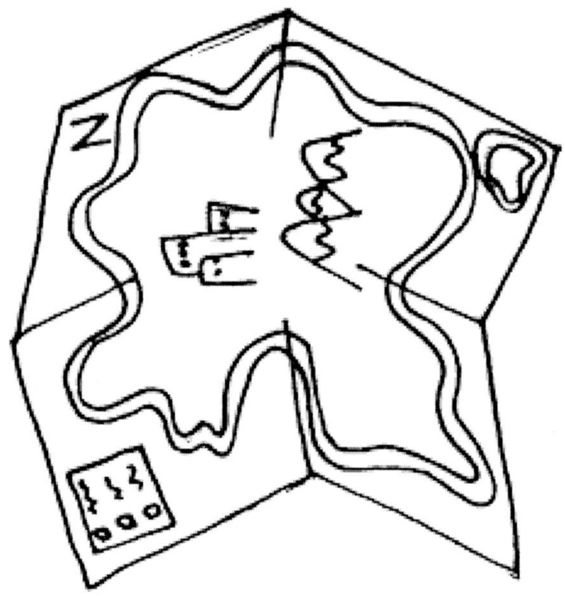

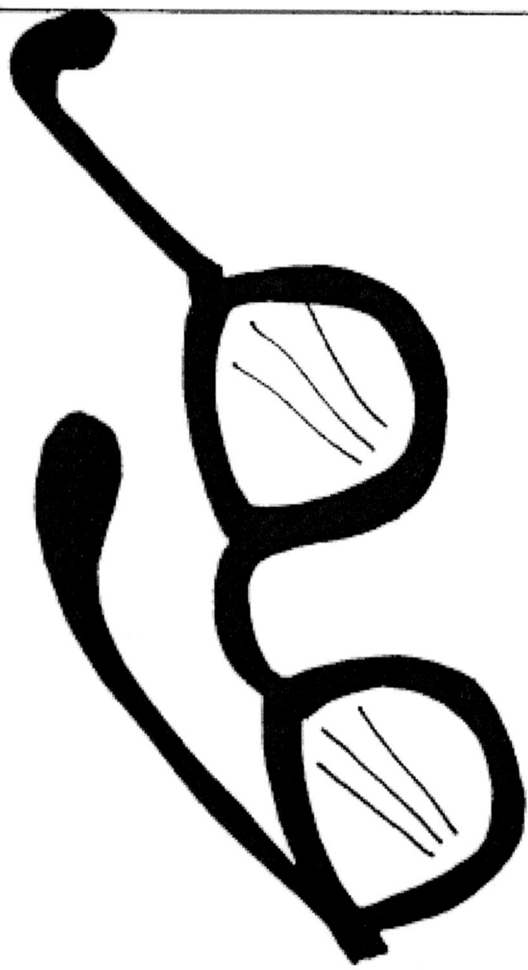

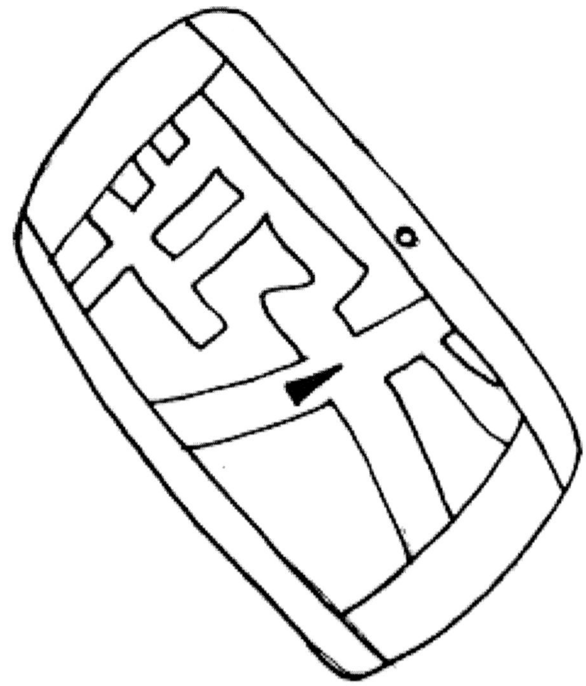

Atodiad 4
Josua: yr arweinydd newydd - Josua 1-4

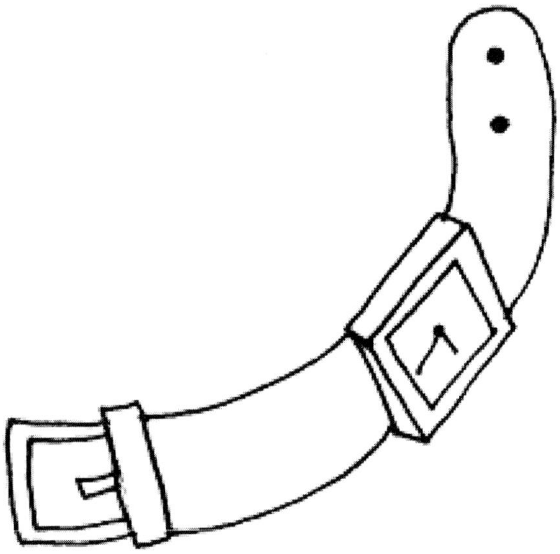

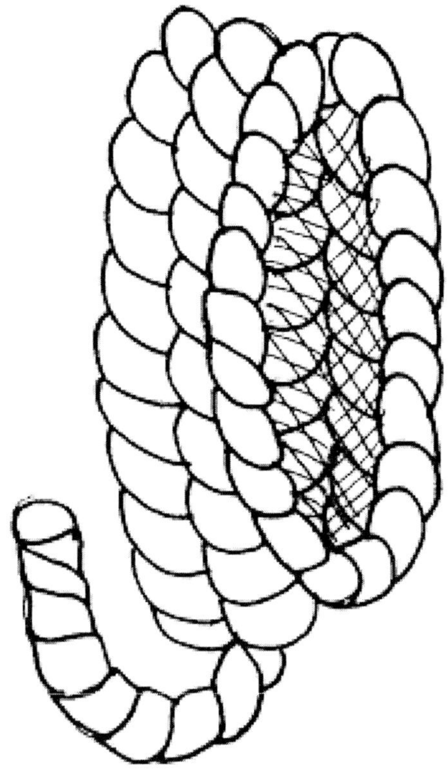

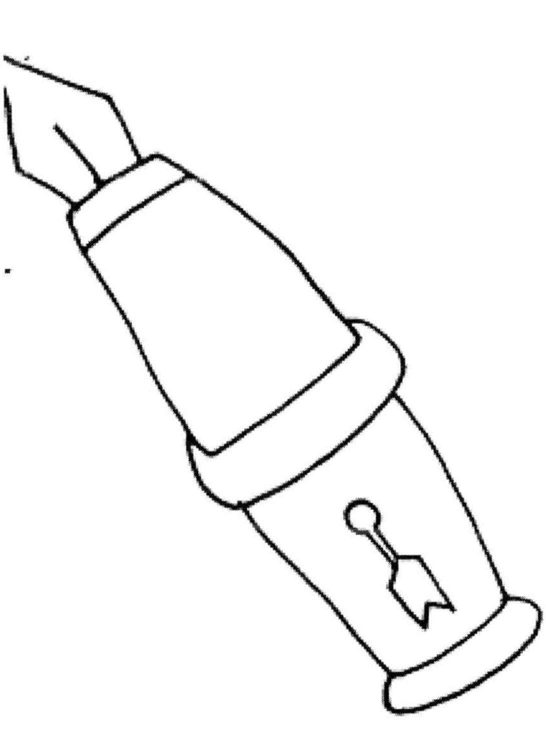

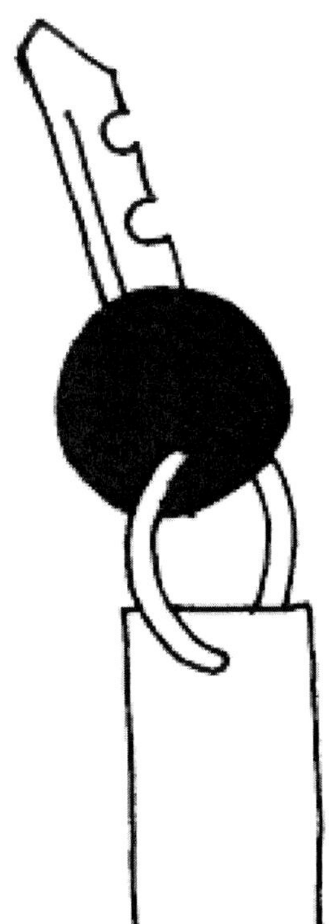

Atodiad 5
Josua: yr arweinydd newydd - Josua 1-4

Dywedodd Josua wrth y bobl, "Rydyn ni'n mynd i'r wlad newydd y mae Duw wedi'i addo i ni."

"Sut awn ni ar draws yr afon?" holodd y bobl. "Mae mor ddwfn a llydan!"

"Peidiwch â phoeni. Bydd Duw yn ein helpu," meddai Josua.

Camodd yr offeiriad i'r dŵr, yn cario blwch arbennig Duw.

Stopiodd dŵr yr afon i redeg! Llwyddodd pawb i groesi'r afon yn ddiogel.

Danfonodd Josua 12 dyn i nôl carreg o'r afon, er mwyn codi cofgolofn.

Atodiad 6
Josua: yr arweinydd newydd - Josua 1-4

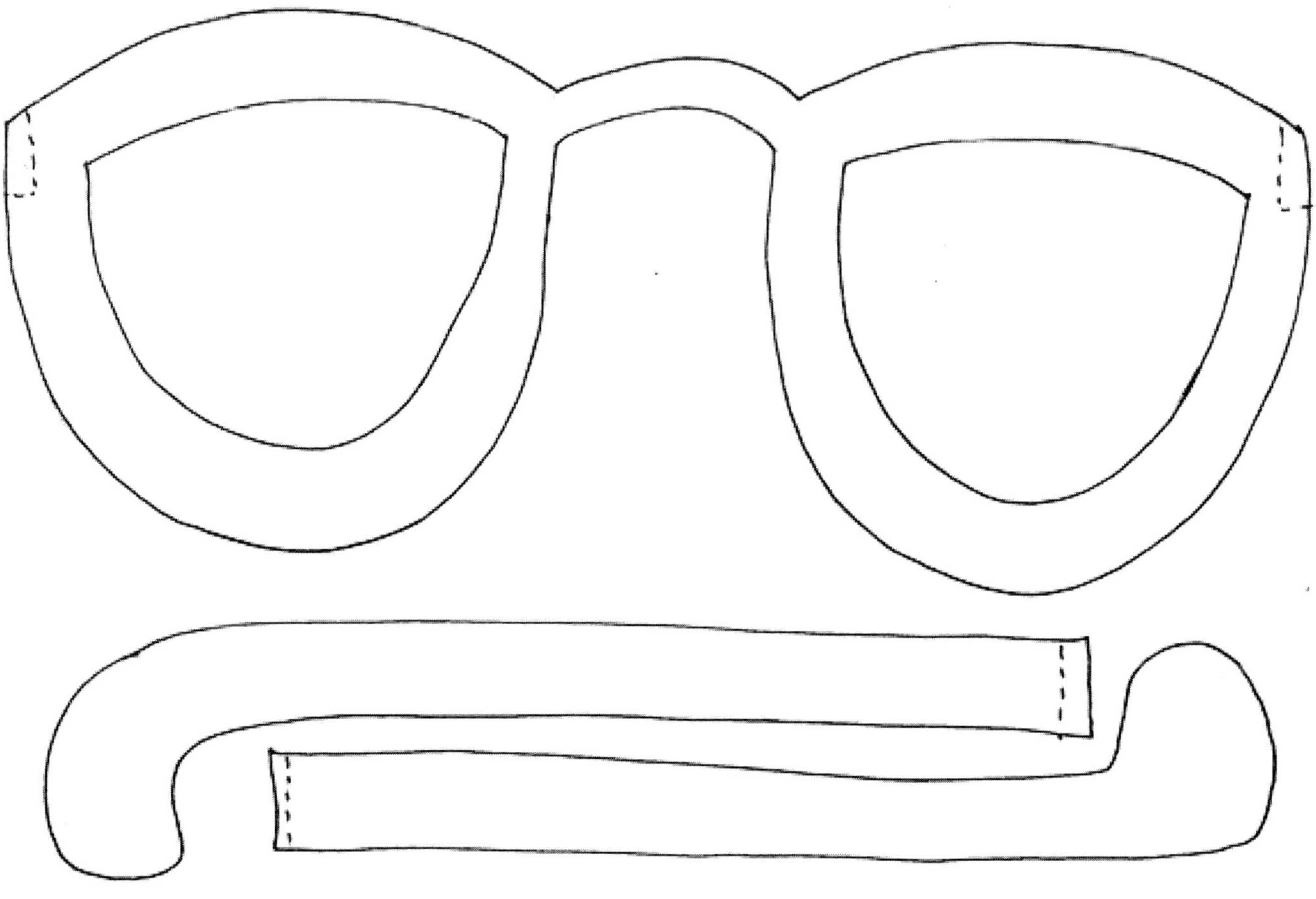

Atodiad 7
Josua: yr arweinydd newydd - Josua 1-4

Golygfa 1: Ar lan yr afon Iorddonen

Mae teulu bach yn eistedd mewn pabell yn sgwrsio. Maen nhw'n dychmygu sut le fydd Canan ac yn ystyried y daith sydd o'u blaenau.

Cewch hyd i wybodaeth yn:
Y Llinell Amser, llun 4, paragraff 1 a 2.
Beibl Bach i Blant, tudalen132-137, 141.
Beibl Lliw y Plant, tudalen 88, 90, 91.
Beibl Newydd y plant, tudalen 47.

Golygfa 2: Croesi'r Môr Coch

Wrth i'r teulu gofio'n ôl maen nhw'n adrodd hanes cychwyn y daith - yn gadael yr Aifft lle roedden nhw'n byw fel caethweision i'r Pharo creulon.

Cewch hyd i wybodaeth yn:
Y Llinell Amser, llun 3.
Beibl Bach i Blant, tudalen 110-115.
Beibl Lliw y Plant, tudalen 78, 79.
Beibl Newydd y Plant, tudalen 43.

Golygfa 3: Duw'n gofalu

Mae'r teulu'n cofio sut y gwnaeth Duw ddarparu bwyd a diod iddynt trwy gydol yr amser y buont yn teithio drwy'r anialwch.

Cewch hyd i wybodaeth yn:
Beibl Bach i Blant, tudalen 116-119.
Beibl Lliw y Plant, tudalen 80, 81.
Beibl Newydd y Plant, tudalen 44.

Golygfa 4: Duw'n rhoi rheolau

Hanes Moses yn derbyn y 10 Gorchymyn sy'n cael sylw yn yr olygfa hon. Mae'r teulu'n cofio'r diwrnod arbennig hwn gyda rhyfeddod.

Cewch hyd i wybodaeth yn:
Beibl Bach i Blant, tudalen 120-12.5
Beibl Lliw y Plant, tudalen 82, 83.
Beibl Newydd y Plant, tudalen 45.

Y 10 ofn mwyaf cyffredin:

1. Siarad yn gyhoeddus **2. Nadroedd** **3. Llefydd cyfyng**
4. Uchder **5. Pryfed cop** **6. Twneli a phontydd**
7. Tyrfaoedd **8. Trafnidiaeth gyhoeddus (yn enwedig awyrennau)**
9. Stormydd **10. Boddi**

Atodiad 8
Josua: yr arweinydd newydd - Josua 1-4

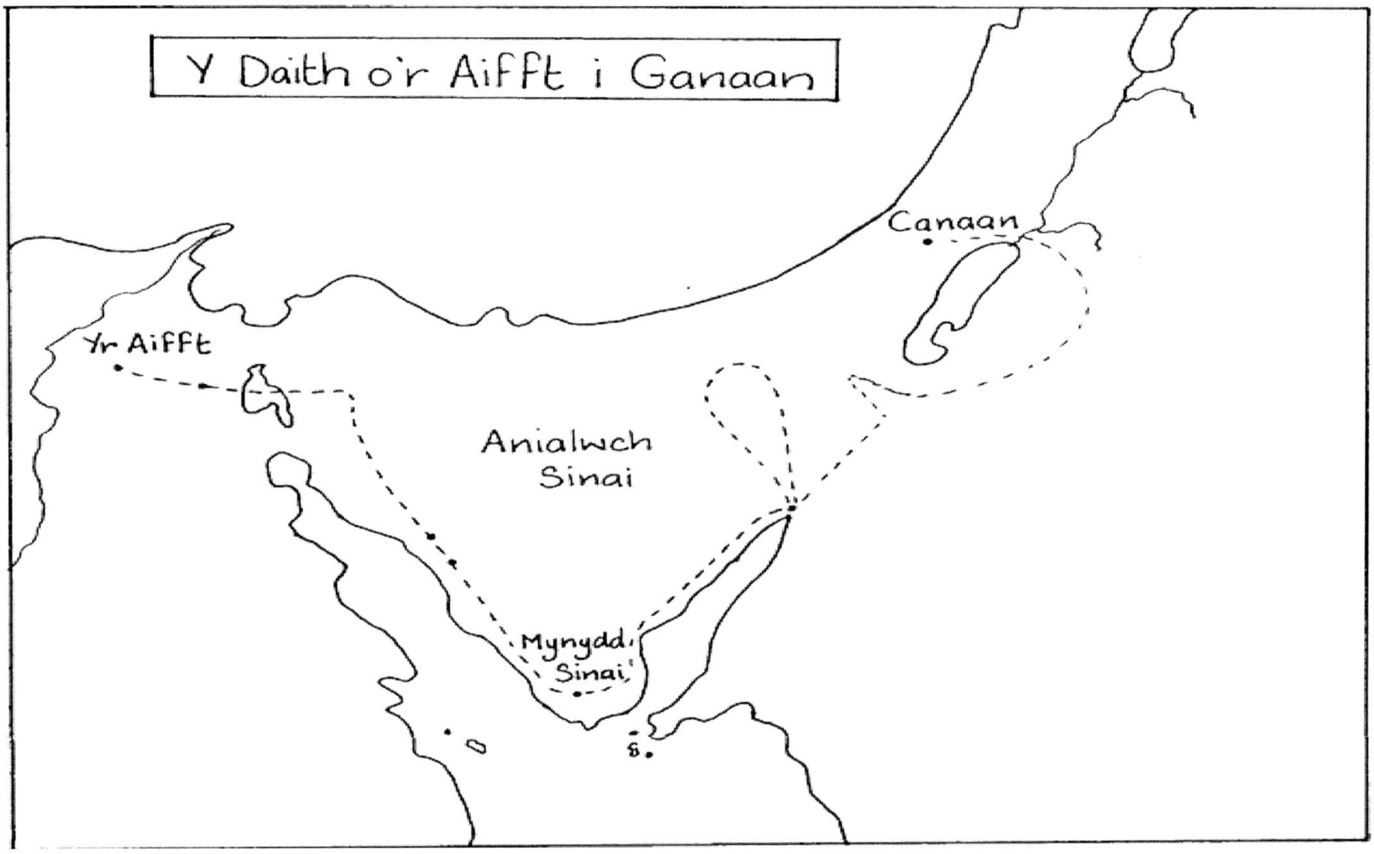

Bydd gryf

Bydd ddewr

Bydd yn ufudd

Paid ag ofni

Yr wyf fi gyda thi

Gwasanaeth Teuluol
Josua: yr arweinydd newydd - Josua 1-4

Gwasanaeth Teuluol Josua
Pa ffordd Josua?

Cyflwyno'r Thema - Dewis ffordd Duw
Gofynnwch i'r gynulleidfa i ystyried y sefyllfaoedd canlynol. Ar ôl cyflwyno pob sefyllfa gofynnwch am adborth. Gwnewch hyn gyda'ch gilydd, mewn grwpiau bach neu gyda'r person sy'n eistedd wrth eich hymyl.

1. Dychmygwch eich bod ar eich beic ac yn mynd ar wib. Wrth i chi droi i mewn i'ch tŷ, rydych chi'n crafu car eich cymdogion, sydd wedi'i barcio ar y stryd. *Beth fyddech chi'n ei wneud nesaf? Beth fyddai Duw'n dymuno i chi ei wneud?*

2. Dychmygwch eich bod yn yr ysgol neu yn eich gwaith, a'ch bod yn gweld rhywun yn colli papur pum punt ar lawr. Maen nhw'n parhau i gerdded. *Beth fyddech chi'n ei wneud nesaf? Beth fyddai Duw'n dymuno i chi ei wneud?*

3. Dychmygwch eich bod yn y Capel a bod rhywun yn cario clecs am rywun arall. *Beth fyddech chi'n ei wneud nesaf? Beth fyddai Duw'n dymuno i chi ei wneud?*
Esboniwch fod sefyllfaoedd yn codi o ddydd i ddydd pan fydd rhaid inni ddewis byw yn ffordd Duw a bod yn ufudd iddo. Heddiw, byddwn yn dysgu mwy am Josua a'r ffordd y dewisodd ef i fod yn ufudd i Dduw, er ei bod hi'n anodd iawn.

Gweddïau o gyffes
Mae pob un ohonom yn cael trafferth peidio â bod yn hunanol, yn byw er mwyn ein hunain, yn hytrach nag mewn ufudd-dod i Dduw. Gwahoddwch bawb i fod yn ddistaw am ychydig eiliadau, cyn gweddïo'r weddi ganlynol gyda'ch gilydd. Mae angen dau berson i arwain y weddi, gyda phawb arall yn ymateb gyda'r geiriau 'Arglwydd, maddau i ni.'

A: Dywedodd Iesu, 'Câr yr Arglwydd dy Dduw â'th holl galon.'
B: O Dduw, mae'n ddrwg iawn gennym am yr adegau nad ydym wedi dy garu â'n holl galon.
Pawb: *Arglwydd, maddau i ni.*
A: Dywedodd Iesu, 'Câr yr Arglwydd dy Dduw â'th holl enaid.'
B: O Dduw, maddau i ni'r adegau nad ydym wedi bod yn ufudd i ti.'
Pawb: *Arglwydd, maddau i ni.*
A: Dywedodd Iesu, 'Câr yr Arglwydd dy Dduw â'th holl feddwl.'
B: O Dduw, maddau ein meddyliau drwg.
Pawb: *Arglwydd, maddau i ni.*
A: Dywedodd Iesu, 'Câr yr Arglwydd dy Dduw â'th holl nerth.'
B: O Dduw, maddau i ni am fod yn ddilynwyr calon galed.
Pawb: *Arglwydd, maddau i ni.*

A & B gyda'i gilydd: Cynorthwya ni i fod yn bobl sy'n dy garu ac sy'n barod i fod yn ufudd ym mhob peth.
Pawb: Amen.

Gwasanaeth Teuluol
Josua: yr arweinydd newydd - Josua 1-4

Cyflwyniad Dilyn arwyddbyst Duw
Bydd angen i chi baratoi 4 arwyddbost o flaen llaw:
1. Arwain pobl Dduw i Ganaan; 2. Trwy'r Iorddonen; 3. I Jericho; 4. O amgylch y muriau.
Atgoffwch y gynulleidfa yn fras o hanes pobl Dduw yn gadael yr Aifft o dan arweinyddiaeth Moses a'u hamser yn crwydro'r anialwch yn teithio i Wlad yr Addewid. *Cewch hyd i luniau addas ar y Cdd.*

Eglurwch fod ein hanes heddiw'n digwydd ar ôl marwolaeth Moses. Cafodd Josua ei alw i gymryd yr awenau fel arweinydd pobl Dduw. Nawr, gwaith Josua oedd arwain yr Israeliaid i'w cartref newydd. Rydym am ddychmygu Josua'n cyrraedd 4 gwahanol arwyddbost ar hyd y daith, a darganfod pa gyfeiriad y penderfynodd eu cymryd.

Dangoswch arwyddbost rhif 1: Arwain pobl Dduw i Ganaan
Gofynnwch i'r gynulleidfa - 'Beth ddylai Josua ei wneud - bod yn ddewr neu redeg i ffwrdd?'
Gofynnwch i rai o'r plant ddarllen Josua 1:1-9. Cafodd Josua addewid ffantastig gan Dduw. Ydy'r gynulleidfa'n cofio beth oedd hi? Darllenwch adnod 9 eto. Roedd Josua'n credu'r hyn a ddywedodd Duw wrtho - credodd y byddai Duw'n ei helpu i arwain y bobl ac y byddai gydag ef bob cam. Felly, dewisodd Josua i ddod yn arweinydd pobl Dduw.

Dangoswch arwyddbost rhif 2: Trwy'r Iorddonen!
Beth ddigwyddodd nesaf? Roedd rhaid croesi'r Iorddonen er mwyn cyrraedd gwlad Canaan – y wlad yr oedd Duw wedi'i haddo'n gartref newydd i'w bobl. Sut byddent yn croesi'r afon? Roedd hi'n afon lydan a dofn a doedd dim pontydd na chychod!
Gofynnwch i rai o'r plant i ddarllen yr hanes o Josua 3 neu defnyddiwch syniad 3 o'r Adran Ddrama oed 6-11.
Unwaith eto, gwelwn Josua'n ymddiried yn Nuw a bod yn ufudd iddo. Ac o ganlyniad, mae pobl Dduw i gyd yn cael croesi'r afon yn ddiogel.

Dangoswch arwyddbost rhif 3: I Jericho
Ar ôl croesi'r Iorddonen roedd problem arall yn wynebu Josua - safodd dinas Jericho rhwng pobl Dduw a gwlad Canaan. Doedd dim modd ei hosgoi. Beth ddigwyddodd nesaf?

Dangoswch arwydd- bost rhif 4: O amgylch y muriau
Darllenwch Josua 6:2-5 a'i ail adrodd yn eich geiriau eich hun.
Wel, roedd Josua'n cofio addewid Duw i fod gydag ef, ac roedd yn cofio bod Duw wedi dweud y byddai'n rhaid iddo fod yn ddewr. Felly, dyma Josua'n dewis, unwaith eto, i fod yn ufudd i Dduw.
Darllenwch hanes muriau Jericho yn disgyn o Feibl plant o'ch dewis. Neu, beth am gael pawb i ymuno mewn gorymdaith o amgylch y capel?
Gorffennwch drwy ofyn i'r gynulleidfa i ystyried beth oedd canlyniad ufudd-dod Josua.

Ymateb
Bydd angen Beibl ac amlinelliad aderyn arnoch (gweler Atodiad 6).

Anogwch y gynulleidfa, plant ac oedolion, i ystyried os oes angen iddyn nhw fod yn ufudd i Dduw mewn rhyw ffordd arbennig. Yn aml iawn, byddwn yn wynebu dewisiadau, fel ar ddechrau'r gwasanaeth, pan fyddwn yn gallu dewis mynd ein ffyrdd ein hunain neu ddilyn ffordd Duw.
Dewisodd Josua i fynd ffordd Duw – i fod yn ufudd i Dduw.

Gwasanaeth Teuluol
Josua: yr arweinydd newydd - Josua 1-4

Sut ydym yn gwybod beth yw ffordd Duw? Daliwch Feibl o flaen y gynulleidfa. Mae Duw wedi rhoi'r Beibl i ni fel ein bod yn gallu gwybod beth yw ei ewyllys a beth sy'n ei blesio. Mae'n rhaid i ni dreulio amser yn darllen y Beibl a chael cymorth pobl eraill i'w ddeall.
Ond beth os nad ydym yn deall y Beibl? Wel, mae Duw'n rhoi ei Ysbryd Glân i'n cynorthwyo, gallwn ofyn i'r Ysbryd Glân felly i'n helpu i ddeall yn well. *Gosodwch yr amlinelliad aderyn ar ben y Beibl gan esbonio bod colomen yn arwydd cyffredin o'r Ysbryd Glân.*

Ond beth os ydym yn cael hi'n anodd bod yn ufudd, i wneud yr hyn mae Duw'n ei ofyn? Eto, mae Duw yn rhoi ei Ysbryd Glân i'n nerthu i wneud yr hyn sy'n iawn yng ngolwg Duw. Dylem ofyn i'r Ysbryd Glân ein cynorthwyo i fod yn ddewr ac yn gryf, i fod yn ufudd i Dduw.

Cân a Gweddi– Bydd yr Arglwydd ei hun (*Y Cyntaf a'r Olaf*)
Mae'r gân hon yn seiliedig ar Deuteronomium 31:8. Yn yr adnodau hyn, mae Moses yn rhoi her i Josua, cyn iddo farw, i fod yn ddewr ac yn gryf ac i ymddiried bod Duw gydag ef hyd byth. Anogwch y gynulleidfa i gofio addewid Duw i fod gyda'i bobl yn ystod yr wythnos sydd i ddod yn enwedig wrth wynebu anawsterau neu drafferthion.

Efallai yr hoffech wahodd aelodau o'r gynulleidfa i arwain gweddïau dros y rhai sydd mewn angen penodol, fel y byddant yn profi agosatrwydd Duw a nerth Duw wrth iddynt wynebu eu hanawsterau. Os ydych yn cefnogi prosiectau cenhadol neu genhadon penodol byddai'n dda cael adroddiad amdanynt a gweddïo dros y rhain hefyd.

Emynau/caneuon
Caneuon Ffydd: 52, 57, 83;
Tyrd i Ddathlu: 2, 20,19;
Y Cyntaf a'r Olaf:1, 3, 9.